TRIPS-plus造法问题研究

张娜 著

中国政法大学出版社

2015 · 北京

图书在版编目（CIP）数据

TRIPS-plus造法问题研究/张娜著.—北京：中国政法大学出版社，2015.1
ISBN 978-7-5620-5823-6

Ⅰ.①T… Ⅱ.①张… Ⅲ.①知识产权－国际公约－研究 Ⅳ.①D997.1

中国版本图书馆CIP数据核字(2015)第002145号

出 版 者　中国政法大学出版社
地　　址　北京市海淀区西土城路25号
邮寄地址　北京100088信箱8034分箱　邮编100088
网　　址　http://www.cuplpress.com（网络实名：中国政法大学出版社）
电　　话　010-58908285(总编室)　58908334(邮购部)
承　　印　固安华明印业有限公司
开　　本　880mm×1230mm　1/32
印　　张　7.5
字　　数　180千字
版　　次　2015年1月第1版
印　　次　2015年1月第1次印刷
定　　价　29.00元

首都经济贸易大学·法学前沿文库

Capital University of Economics and Business library, frontier

总　序

首都经济贸易大学法学学科始建于1983年。1993年开始招收经济法专业硕士研究生。2006年开始招收民商法专业硕士研究生。2011年获得法学一级学科硕士学位授予权，目前在经济法、民商法、法学理论、国际法、宪法与行政法等二级学科招收硕士研究生。2013年设立交叉学科法律经济学博士点，开始招收法律经济学专业的博士研究生，同时招聘法律经济学、法律社会学等方向的博士后研究人员。经过30年的建设，经过首都经济贸易大学几代法律人的薪火相传，首都经济贸易大学法学学科已经形成了相对完整的人才培养体系。

为了进一步推进首都经济贸易大学法学学科的建设，首都经济贸易大学法学院在中国政法大学出版社的支持下，组织了这套“法学前沿文库”，我们希望以文库的方式，每年推出几本书，持续地、集中地展示首都经济贸易大学法学团队的研究成果。

这套文库既然取名为“法学前沿”，那么，何为“法学前沿”？在一些法学刊物上，常常可以看到“理论前沿”之类的栏目；在一些法学院校的研究生培养方案中，一般都会包含一门叫做“前沿讲座”的课程，这样的学术现象，表达了法学界的一个共同旨趣，那就是对“法学前沿”的期待。正是在这样的期待中，可以发现一个值得探讨的问题：法学界一直都在苦苦期盼的“法学前沿”，到底长着一张什么样的脸孔？

首先，“法学前沿”的实质要件，是对人类文明秩序做出了新的揭示，使人看到文明秩序中尚不为人所知的奥秘。法学不同于文史哲等人文学科的地方就在于：宽泛意义上的法律乃是规矩，有规矩才有方圆，有法律才有井然有序的人类文明社会。如果不能把千差万别、纷繁复杂的人类活动给予分门别类的归类整理，人类创制的法律就难以妥帖地满足有序生活的需要。从这个意义上说，法学研究的实质就在于探寻人类文明秩序。虽然，在任何国家、任何时代，都有一些法律承担着规范人类秩序的功能，但是，已有的法律不可能时时、处处地回应人类对于秩序的需要。“你不能两次踏进同一条河流”，这句话告诉我们，由于人类生活的流动性、变化性，人类生活秩序总是处于不断变换的过程中，这就需要通过法学家的观察与研究，不断地揭示新的秩序形态，并提炼出这些秩序形态背后的规则——这既是人类生活和谐有序的根本保障，也是法律发展的重要支撑。因此，所谓“法学前沿”，乃是对人类生活中不断涌现的新秩序加以揭示、反映、提炼的产物。

其次，为了揭示新的人类文明秩序，就需要引入新的观察视角、新的研究方法、新的分析技术。这几个方面的“新”，可以概括为“新范式”。一种新的法学研究范式，可以视为“法学前沿”的形式要件。它的意义在于，由于找到了新的研究范式，人们可以洞察到以前被忽略了的侧面、维度，它对于人们认识秩序、认识法律提供了新的通道或路径。依靠新的研究范式，甚至还可能转换人们关于法律的思维方式，并由此看到一个全新的秩序世界与法律世界。可见，法学新范式虽然不能对人类秩序给予直接的反映，但它是发现新秩序的催生剂、助产士。

再次，一种法学理论，如果在既有的理论边界上拓展了新的研究空间，也可以称之为法学前沿。在英文中，前沿（frontier）也有边界的意义。从这个意义上说，“法学前沿”意味着在已有的法学疆域之外，向着未知的世界又走出了一步。在法学史上，这种突破边界的理论活动，常常可以扩张法学研究的世界。譬如，以人的性别为基础展开的法学研究，凸显了男女两性之间的冲突与合作关系，就拓展了法学研究的空间，造就了西方的女性主义法学；以人的种族属性、种族差异为基础而展开的种族批判法学，也为法学研究开拓了新的领地。在当代中国，要拓展法学研究的空间，也存在着多种可能性。

最后，西方法学文献的汉译、本国新近法律现象的评论、新材料及新论证的运用，诸如此类的学术劳作，倘若确实有助于揭示人类生活的新秩序、有助于创造新的研究范式、有助于拓展新的法学空间，也可宽泛地归属于法学理论的前沿。

以上几个方面，既是对“法学前沿”的讨论，其实也表明了本套文库的选稿标准。希望选入文库的每一部作品，都在法学知识的前沿（frontier）地带做出了新的开拓，哪怕是一小步。

喻 中

2013 年 6 月于首都经济贸易大学法学院

序　言

TRIPS - plus 造法是一个普遍性的法律现象，也是一个不可逆转的大趋势。在这个问题上，不同的国家站在不同的利益立场上表达了不同的法律主张。有的希望采取高标准的知识产权保护，有的主张最合适的标准，也就是不那么高的标准。由此形成了 TRIPS - plus 造法实践中的冲突与分歧。那么，发展中国家，尤其是中国，在 TRIPS - plus 造法运动中应当如何应对？显然是一个颇具实践意义的理论问题。对此，有几个方面的关系必须予以考虑。首先是发达国家与发展中国家的关系，或者说是“南北”关系。这一关系甚至涉及公平与效率。高标准的知识产权保护对效率的影响是什么？对公平的影响又是什么？什么样的知识产权保护标准才能缝合而不是撕裂国际社会？其次是知识产权权利人与人类共同利益的关系。这一关系的实质是个体与整体的关系。TRIPS－plus 造法在保护知识产权权利主体的同时，对人类的共同利益应当如何关照？对权利个体的保护是否有一个限度？边界在哪里？如何防范知识产权权利人的垄断甚至是“专制”？最后是中国与世界的关系。在当下的中国探讨 TRIPS－plus 造法的理论和实践问题，既需要站稳中国立场，充分考虑中国的国家利益与发展阶段，也应当具有世界眼光，要看到世界趋势、世界潮流，与此同时，还要发挥中国在 TRIPS－plus 造法运动中的积极作用。这些关系，都是 TRIPS－plus 造法实践中不可回避的核心问题。对于这些颇具魅力的问题及其相关问题，张娜博士的《TRIPS－plus 造法问题研究》都做出了全面、系统、深入的论述。因此，这是一本很有价值的著作，这是一本在民商法学、国际法学的交叉地带，为知识产权法学做出贡献的著作。在这本著作正式出版之际，我祝贺张娜博士的贡献，并期待她做出更多的贡献。

喻中

2014 年 9 月 4 日

首都经济贸易大学法学院

自 序

世界贸易组织框架下《与贸易有关的知识产权协定》（TRIPS）所规定的知识产权国际保护仅是“最低标准”，而不是“最适合的标准”。一些国家认为高标准的知识产权保护才是“最适合的标准”，所以一直在寻求机会提高知识产权国际保护的标准；另一些国家则认为照顾到经济发展阶段不同而有差异的知识产权保护才是“最适合的标准”。早在2007年，联合国贸易发展委员会（UNCTAD）就发布了一份报告指出，特惠贸易投资协议中包含“超《与贸易有关的知识产权协定》（TRIPS）”保护内容的协议已经占到整个特惠贸易投资协议总量的51%。随着经济的发展，发达国家继续追求高标准的知识产权保护，发展中国家也意图引入新的有利于其国家发展的知识产权保护标准。《与贸易有关的知识产权协定》（TRIPS）是发达国家和发展中国家利益博弈后制定的知识产权国际保护的标准，它的“一揽子”接受的决策机制使得成员方之间就新的知识产权保护标准达成协议很难，所以知识产权保护的国际造法活动越来越频繁。因此，TRIPS - plus 造法必然发生，而且其目的是最终达成全球统一的高标准的知识产权保护协议。TRIPS - plus 造法问题并非一个新课题，但是 TRIPS - plus 造法确是一个不断发展变化的课题。所以研究整个 TRIPS - plus 造法的动态过程非常重要，这有利于我国对正在发生的 TRIPS - plus 造法有清楚的认识，并积极参与到知识产权国际立法进程中，以凸显中国的国家利益。

本书共分七章，通过分析研究 TRIPS - plus 造法的历史背景、模式、具体表现形式、最新范例和司法实践，反思 TRIPS - plus 造法的整个过程，并建议中国应积极参与 TRIPS - plus 造法，对知识产权国际保护施加应有的影响；对于不符合我国利益的现有的 TRIPS - plus 造法，运用世界贸易组织争端解决机制来质询具体的 TRIPS - plus 造法是否符合《与贸易有关的知识产权协定》（TRIPS）规定的义务，从而阻碍其对我国的不利影响。

第一章是导论部分。首先阐释 TRIPS - plus 造法产生的原因。然后厘清 TRIPS - plus 的概念，笔者指出：TRIPS - plus 造法主要是发生在后 TRIPS 时代的“高标准”或“新标准”的知识产权保护的国际立法活动，它包括超出《与贸易有关的知识产权协定》（TRIPS）的规定、《与贸易有关的知识产权协定》（TRIPS）原本没有的规定和缩减《与贸易有关的知识产权协定》（TRIPS）下的权利限制和例外范围的所有措施。它可以是一个具体协定，也可以是包含 TRIPS - plus 知识产权保护标准或者能产生 TRIPS - plus 知识产权保护标准的所有协议的总称。最后阐释 TRIPS - plus 造法问题研究是国际实践和国家利益的需要，而且有重要的学术价值。

第二章主要介绍了发达国家和发展中家所选用的不同的 TRIPS - plus 造法模式，发达国家多采用贸易协定、投资协定和知识产权协定来规定知识产权国际保护"高标准"并向外扩张。发展中国家一般采用单独的知识产权协定来规定知识产权国际保护"新标准"。在以往的知识产权国际谈判中，发展中国家主要在发达国家主导的模式中表达自己的利益诉求，所以始终处于被动接受的劣势地位，很难表达自己的利益诉求，发达国家则在这种立法模式中一味推高知识产权保护标准。在后 TRIPS 时代，由于有国际组织的帮助，发展中国家推动了有利于人类社会共同发展的 TRIPS - plus 造法，使得发达国家的知识产权权利人多承担一些对人类社会发展的义务，这是对整个人类社会的巨大贡献。

第三章主要讨论了以美国和欧盟为主的发达国家在 TRIPS - plus 造法中所体现的国家利益，同时阐述了一些发展中国家对此类造法的态度。美国的 TRIPS - plus 造法较为激进，想放弃《与贸易有关的知识产权协定》（TRIPS），而欧盟的 TRIPS - plus 造法比较温和，支持与现有的知识产权国际公约保持一致。然而在知识产权执法的 TRIPS - plus 造法上，美国和欧盟表现出惊人的一致，要求高标准强有力的保护。值得注意的一点是，在 TRIPS - plus 造法的整个过程中，并不存在泾渭分明的利益团体。在某个问题上发达国家是利益共同体，比如知识产权执法问题；但在某个问题上发达国家和发展中国家也可能成为利益共同体，比如电影的保护上美国和印度两大电影出口国就有相同的利益。再比如，地理标志的保护上，欧盟和中国等历史悠久的国家因拥有较多的著名地方产品就有共同利益。因此在知识产权国际保护“高标准”的造法过程中，主要是由惯用 TRIPS - plus 造法模式的美国和欧盟主导，某些发展中国家的加入，也只是作为美国或者欧盟的利益同盟出现。

第四章主要分析了最新的知识产权 TRIPS - plus 造法范例，包括采用区域主义造法模式的《跨太平洋战略合作协议》(TPP) 知识产权部分美国草案和欧盟《经济合作协议》(EPAs) 知识产权部分以及采用复边主义造法模式的《反假冒贸易协议》(ACTA)。这些 TRIPS - plus 造法的最新范例都是由美国、欧盟主导的。从各个协议缔结的时间顺序来看，从欧盟 - 加勒比海《经济合作协议》(EPAs) 到《反假冒贸易协议》(ACTA)，再到现在还处于草案阶段的《跨太平洋战略合作协议》(TPP)，发达国家追求的知识产权国际保护“高标准”——TRIPS - plus 的保护标准体现“棘轮”效应。

第五章通过分析研究世界贸易组织争端解决机构的新近案例，为发展中国家应对发达国家的高标准保护的 TRIPS - plus 造法提供司法阻止的思路。本章首先分析了世界贸易组织争端解决机构在解释《与贸易有关的知识产权协定》(TRIPS) 条款和 TRIPS - plus 条款时所依赖的国际法的条款，因为世界贸易组织争端解决机构的专家组和上诉机构的报告对于世界贸易组织成员方来说，可以产生合法的预期，甚至可能影响未来的立法。然后分析了 3 起发生在发达国家和发展中国家之间可能影响到 TRIPS - plus 造法的最新知识产权争端。

第六章对 TRIPS - plus 造法进行了反思。阐释了《与贸易有关的知识产权协定》(TRIPS) 中本身包括的有利于发展中国家的条款和最高知识产权保护标准。同时也意识到《与贸易有关的知识产权协定》（TRIPS）中所包含的最高知识产权保护标准可以对 TRIPS - plus 造法产生一定的限制，最后探讨了 TRIPS - plus 对《与贸易有关的知识产权协定》（TRIPS）修改的可能性，发现 TRIPS - plus 造法可能会通过不断的积累最终修改《与贸易有关的知识产权协定》（TRIPS）从而形成相对统一的知识产权国际保护准则。

第七章“中国应对 TRIPS - plus 造法的建议”主要分析中国知识产权的国家利益，希冀从以上的 TRIPS - plus 造法问题的研究中得到启示，并在未来的知识产权国际立法谈判中，利用发达国家和发展中国家所选用的 TRIPS - plus 造法模式体现我国的国家利益并对 TRIPS - plus 造法产生实际的影响。

TRIPS - plus 造法趋势是不可逆的，而且最终会影响国际知识产权保护的标准，表现为不断接近发达国家所希望知识产权的“最高保护标准”。但是在这条发展的道路上又呈现出两难的选择：是向知识产权权利人一边倒的知识产权国际保护标准？还是兼顾人类社会发展的共同问题的知识产权保护？在这进程中，作为世界上重要的经济力量之一，中国要从本国产业利益出发提出建议以实现国家利益，并且推动 TRIPS - plus 造法向普适性的正义道路前进。国际社会需要公正合理的国际规则，只有这样才能构建和谐世界，实现永久和平。

张 娜

2014 年 8 月 1 日

目录

第一章

导　论

第一节　问题的提出

知识产权国际保护大致可以分为四个阶段，它经历了巴黎联盟和伯尔尼联盟时期，从世界知识产权组织（WIPO）时期到世界贸易组织（WTO）的《与贸易有关的知识产权协定》（TRIPS）时期的发展，再到后TRIPS阶段[1]各种TRIPS-plus的造法活动。

第一个阶段，发端于19世纪末的《保护工业产权巴黎公约》（后简称《巴黎公约》）和《保护文学艺术作品伯尔尼公约》（后简称《伯尔尼公约》）为主导的知识产权国际保护，是在欧洲主导

〔1〕　后TRIPS阶段或后TRIPS时代是指《与贸易有关的知识产权协定》（TRIPS）制定后。

下制定的知识产权国际保护公约，注重协调各国利益，其规定的内容过于富有弹性，缺乏执行力。公约的各成员间若发生争端多运用外交手段或立法手段来解决。同时，程序上上述公约的修订需要全体成员一致投票通过。所以此阶段的知识产权国际保护公约不能执行、无法发展。

第二个阶段，20 世纪世界知识产权组织（WIPO）所管理的知识产权国际条约。除了《成立世界知识产权组织公约》之外，其他都是针对某一知识产权问题的公约，一旦各国对这一知识产权问题达成一致就使得谈判没有回旋余地。发展中国家不能通过世界知识产权组织降低某一公约规定的知识产权保护标准，发达国家中的跨国公司也无法在世界知识产权组织框架下实现其提高知识产权保护水平的诉求。而且世界知识产权组织中一国一票的决策机制使得发达国家无法在谈判中获得优势以便实现其利益。

第三个阶段，20 世纪末《与贸易有关的知识产权协定》（TRIPS）成功缔结，在实体和程序上统一了知识产权的国际保护规则。它标志着知识产权国际保护谈判从世界知识产权组织转移到了世界贸易组织（WTO）。《关税贸易总协定》（GATT）通过对农业和纺织业的贸易减让来换取高标准的知识产权保护，即《与贸易有关的知识产权协定》（TRIPS）。同时世界贸易组织允许使用贸易救济来执行知识产权标准，这使得知识产权保护具有了执行力。但是《与贸易有关的知识产权协定》（TRIPS）的“一揽子”接受的决策机制阻碍了成员方之间达成新的协议，这就造成知识产权领域的国际造法活动更加频繁。此外，《与贸易有关的知识产权协定》（TRIPS）虽然囊括了宽泛的知识产权保护范围，但是却忽视了对公共健康、传统知识、民间文学艺术和遗传资源等的保护。发达国家无偿取得发展中国家的这些传统资源，利用发达的科学技术手段，生产成知识产权产品，然后获得高额利润，而提供这些传统资源的发展中国家却没有分享到任何收益，还要在使用利用这些传统资源生产加工的知识产权产品时支付高昂的许可使用费用。这种不公平的现象严重违背了《与贸易有关的知识产权协定》（TRIPS）追求的价值目标——利益平衡。最后，在制定《与贸易有关的知识产权协定》（TRIPS）时，为了照顾发展中国家，规定了弹性条款、权利的限制和例外以及过渡性安排。发达国家对于这些给予发展中国家的优惠性安排严重不满，认为这是发展中国家对知识产权保护不力的根源，所以极力推行新的知识产权保护高标准，来改变这种不利的现象。

第四个阶段，知识产权国际化进程由此进入后 TRIPS 时代。在后 TRIPS 时代，知识产权国际保护规则的制定已经有许多新的参与者，并建立和运行了由众多新制度规范构成的网络。这个网络内容庞杂混乱，但并非无章可循，发达国家和发展中国家通过不同的途径表达其利益诉求。其中，发达国家多采用贸易协定、投资协定和知识产权协定来规定 TRIPS - plus 知识产权保护标准。发展中国家一般采用知识产权协定、"TRIPS 和某个具体问题"的模式以及 WTO 争端解决机制来规定 TRIPS - plus 知识产权保护标准。

第二节 TRIPS - plus 的界定

TRIPS - plus 造法势在必行，要想深入研究 TRIPS - plus 造法问题，就得先厘清 TRIPS - plus 的概念和特征。

一、plus 的含义

"plus" 在英语字典中的解释分为：①作为介词时，译为"外加、另有"，"加"，和"＋"；②作为形容词时，译为"正的"，"有利的，附加的"，"（放在被修饰的词语后）略高一些"和"（电阻）阳性的，正电的"；③作为连接词时，译为"并且，而且"；"pluses"则解释为"正号，加号，加法"，"附加物，附加额，剩余物"，"好处，有利因素"，等等。[1]《元照英美法词典》解释为"多"和"更加"，并注释"plus"的词源或者词义指向拉丁语，包括法律拉丁语。[2]国外有的学者将"－plus"和"－minus"对应[3]，那么"－plus"的意思应该是"略高一些"。国内有的学者最早将其译为"递增"[4]，这其实也是"略高一些"，是学者在研究发达国家的 TRIPS－plus 造法后所使用的一种加入主观感情色彩的译法，因为发达国家的整个 TRIPS－plus 造法呈现一种不断增高知识产权保护标准的趋势。此外，大多数学者直接用"－plus"[5]，而没做任何翻译。

目前，我国国际贸易总量已居世界第一，虽然我们还是一个发展中国家，但是我们的利益诉求也发生了一些变化。根据世界知识产权组织的统计，我国每年专利申请量已居成员中第一。同时由于互联网的发展，我国和许多发达国家一样都在面对着新技术所带来的知识产权问题。"TRIPS－plus"不一定就是对我们不利的，而且在现实中有些 TRIPS－plus 标准还是发展中国家极力主张

---

〔1〕 高永伟主编：《新英汉词典》，上海译文出版社 2009 年版，第 1178 页。

〔2〕 薛波主编：《元照英美法词典》，法律出版社 2003 年版，第 1061 页。

〔3〕 Mohammed EL－SAID，"The Road from TRIPS－Minus，to TRIPS，to TRIPS－Plus Implications of IPRs for the Arab World"，*The Journal of World Intellectual Property*，Vol 8. No. 1，January，2005.

〔4〕 张建邦："'TRIPS－递增'协定：类型化与特征分析（上）——基于后 TRIPS 时代知识产权国际保护制度发展趋势的一种考察"，载《世界贸易组织动态与研究》2008 年第 5 期。

〔5〕 详见文献综述中所有涉及"TRIPS－plus"的文章。

加入到 TRIPS 中的。[1] 所以在解释"plus"时要力求客观。笔者认为"plus"译为"加"更合适，因为纵观"TRIPS - plus"的发展历程，它是一个动态变化的过程，它包括拓宽保护范围、缩减限制和例外、加强保护多种手段。而且 TRIPS - plus 造法的过程中也不都是高的知识产权保护标准，根据提出的主体是发达国家还是发展中国家的不同，其所表达的利益就不同，比如，还有一些解决知识产权新问题的新标准被纳入进来。因此笔者认为将"plus"理解为"加"更合乎情理，更可以客观传达意思，而且 TRIPS - plus 造法的最终目的也是修改或修订现有的《与贸易有关的知识产权协定》（TRIPS）。

二、TRIPS - plus 的厘清

TRIPS - plus 造法并非一个新课题，但是 TRIPS - plus 确是一个不断发展变化的课题。TRIPS - plus 造法这一概念，是在《与贸易有关的知识产权协定》（TRIPS）缔结后被提出的。所以在 TRIPS 缔结之前，一些国际条约中可能包括了高于 TRIPS 保护标准的知识产权保护条款，但他们不能被认为是 TRIPS - plus 条款，更不能认为是 TRIPS - plus 造法。《与贸易有关的知识产权协定》（TRIPS）本身采纳了《巴黎公约》、《伯尔尼公约》、《保护表演者、录音制作者和广播组织的国际公约》（简称《罗马公约》）和《集成电路的知识产权条约》（简称《华盛顿条约》）的规定，同时又增加了若干权利。《与贸易有关的知识产权协定》（TRIPS）与以往的知识产权多边国际公约相比保护对象全面，保护标准最高，重视权利保障实施并规定了争端解决机制。同时《与贸易有关的

---

[1] 比如《TRIPS 与公共健康的多哈宣言》就是在发展中国家的极力推动下正在修订《与贸易有关知识产权协定》（TRIPS）的 TRIPS - plus 标准。

知识产权协定》（TRIPS）开辟了将知识产权和贸易挂钩的方式，这主要是因为以美国为代表的发达国家认为，已有的知识产权国际公约不足以保护工业化国家的利益，所以才有了与贸易有关的知识产权议题。但《与贸易有关的知识产权协定》（TRIPS）并不都是发达国家的利益诉求，它是发达国家与发展中国家利益妥协的结果，所以其也包含了一些有利于发展中国家的规定，比如知识产权的限制和例外，过渡期安排和一些灵活性条款，这些都体现了发展中国家的利益。

在国际上，有的学者认为，TRIPS - plus 条款的基础是发达国家的知识产权标准，特别是美国和欧盟的知识产权保护标准。〔1〕有的学者认为，TRIPS - plus 是指削弱发展中国家保护公共利益能力的双边、区域以及国内的立法或实践。〔2〕有的学者认为，TRIPS - plus 包含两方面的内容，即要求各缔约方来执行比《与贸易有关的知识产权协定》（TRIPS）更广泛的标准，〔3〕或者取消缔约方在《与贸易有关的知识产权协定》（TRIPS）规定标准中的选择权〔4〕。有的学者认为，TRIPS - plus 是指任何比《与贸易有关的知识产权协定》（TRIPS）规定更多知识产权保护标准的协定，包括比《与贸易有关的知识产权协定》（TRIPS）规定更高的标准或更低的标

〔1〕 Meir Perez Pugatch, "The International Regulation of IPRs in a TRIPS and TRIPS - plus World", in Stephen Woolock ed., *Trade and Investment Rule - making: The Role of Regional and Bilateral Agreement*, Tokyo, NewYork: United Nations University Press, 2006.

〔2〕 Vivas - Eugui David, *Regional and Bilateral Agreements and a TRIPS - plus World: the Free Trade Area of the Americas (FTAA)*, Geneva: Quaker United Nations Office; Ottawa: Quaker International Affairs Program, 2003.

〔3〕 Rosa Castro Bernieri, "Compulsory Licensing and Public Health: TRIPS - plus Standards in Investment Agreements", 2009, May, http://www.transnational - dispute - management.com/article.asp? key = 1455，访问日期：2014 年 8 月 25 日。

〔4〕 EFTA - Morocco, Annex 5, §3 (1), 1999 年 6 月 19 日签订。

准抑或对知识产权的合理使用规定更多的限制的协定。[1]我国学者认为，TRIPS－plus 是指在《与贸易有关的知识产权协定》（TRIPS）缔结和生效后，一些双边、区域或多边法律框架中提供了比《与贸易有关的知识产权协定》（TRIPS）协议标准更高、范围更广、效力更强的任何知识产权保护承诺。[2] TRIPS－plus 造法必定是发生在《与贸易有关的知识产权协定》（TRIPS）签订之后的。虽然《与贸易有关的知识产权协定》（TRIPS）协议签订之前，就有一些双边、区域协议中包含了高于《与贸易有关的知识产权协定》（TRIPS）保护标准的知识产权规定，但它们不能属于 TRIPS－plus 造法范畴，它们只能作为 TRIPS－plus 的来源。广义的 TRIPS－plus 不仅包括与贸易有关的双边、区域和多边协定，还包括世界知识产权组织体制内缔结的新协定以及世界贸易组织框架内的知识产权协定，比如《世界知识产权组织版权条约》（WCT）、《世界知识产权组织表演和录音制品条约》（WPPT）、《专利法条约》（PCT）以及各国加入世界贸易组织时所做的承诺，等等。笔者认为，TRIPS－plus 造法主要是发生在后 TRIPS 时代的高标准或新标准的知识产权保护的国际立法活动，它包括超出《与贸易有关的知识产权协定》（TRIPS）的规定、《与贸易有关的知识产权协定》（TRIPS）原本没有的规定和缩减《与贸易有关的知识产权协定》（TRIPS）协议下的权利限制和例外范围的任何措施，它可以是一个具体协定，也可以是包含 TRIPS－plus 知识产权保护标准或

---

〔1〕 Mohammed EL－SAID, "The Road from TRIPS－Minus, to TRIPS, to TRIPS－Plus Implications of IPRs for the Arab World", *The Journal of World Intellectual Property*, Vol 8. No. 1, January, 2005.

〔2〕 张建邦："'TRIPS－递增'协定：类型化与特征分析（上）——基于后 TRIPS 时代知识产权国际保护制度发展趋势的一种考察"，载《世界贸易组织动态与研究》2008 年第 5 期。

者能产生 TRIPS－plus 知识产权保护标准的所有条约的总称。

三、TRIPS－plus 的特征

综上所述，TRIPS－plus 具有如下特征：

第一，TRIPS－plus 发生在《与贸易有关的知识产权协定》（TRIPS）制定后。从条约法的角度看，"－plus"一定是建立在前条约基础之上的嗣后协定，所以 TRIPS－plus 是在 1994 年《与贸易有关的知识产权协定》（TRIPS）缔结之后产生的包含"TRIPS－plus 造法"的各类条约。其表现形式是各种贸易投资协议中的 TRIPS－plus 知识产权保护标准，或者可以自成一类的 TRIPS－plus 协定。

第二，TRIPS－plus 虽然由发达国家主导制定，但也不乏发展中国家的造法。TRIPS－plus 造法是发达国家向发展中国家推广知识产权保护标准的主要法律形态。以美国和欧盟所关心知识产权利益为主导，并呈现出知识产权保护标准不断增强的趋势，这也是美国和欧盟主要的一些投资协定中对于知识产权的保护确立了"最高保护标准（ceiling）"条款的原因。值得注意的是，发展中国家在 TRIPS－plus 造法中也没有保持缄默，也在积极参与此造法活动。

第三，TRIPS－plus 有比《与贸易有关的知识产权协定》（TRIPS）标准更多、范围更广的规定，包括超出《与贸易有关的知识产权协定》（TRIPS）的规定、《与贸易有关的知识产权协定》（TRIPS）原本没有的规定和缩减《与贸易有关的知识产权协定》（TRIPS）协议下的权利限制和例外范围的任何措施。发达国家的 TRIPS－plus 造法减损了发展中国家利用《与贸易有关的知识产权协定》（TRIPS）灵活性条款的权利，取而代之的是越来越严苛的规定，影响到发展中国家保护公共利益的能力。发展中国家的 TRIPS－plus 造法更加关注人类社会共同发展的议题。

第四，TRIPS－plus 造法模式多样，不仅限于贸易投资协议中的知识产权标准，还包括在知识产权协定中包含 TRIPS－plus 知识产权标准，或者本身就是一个 TRIPS－plus 知识产权协定。

第三节 TRIPS－plus 造法问题研究的重要性

TRIPS－plus 造法问题在《与贸易有关的知识产权协定》（TRIPS）制定之初就埋下了伏笔。

第一，《与贸易有关的知识产权协定》（TRIPS）的签订本来就是发达国家和发展中国家利益妥协的产物。发达国家为保护跨国公司的利益诉求更高的知识产权保护标准，发展中国家在签订《与贸易有关的知识产权协定》（TRIPS）时由于贸易关税优惠等待遇做了很多妥协。目前，随着经济的发展，发达国家继续追求高标准的知识产权保护，发展中国家也意图引入新的有利于其国家发展的知识产权保护标准。所以世界贸易组织各成员都有修改《与贸易有关的知识产权协定》（TRIPS）或重新制定新的知识产权保护标准的需要。

第二，知识产权的国际保护以《与贸易有关的知识产权协定》（TRIPS）为最普遍也是最低保护标准。《与贸易有关的知识产权协定》（TRIPS）第 1 条规定“缔约方可以但没有义务提供比本协定更为广泛的保护”，可见缔约方有制定或者不制定高标准知识产权保护的灵活性，也有制定或者不制定新标准知识产权保护的灵活性，这就为发达国家和发展中国家制定高标准或新标准的知识产权保护提供了法律上的支持。此外，《与贸易有关的知识产权协定》（TRIPS）的最低保护标准并不是权利人想要的“最适宜”的保护标准，大型的跨国公司，比如杜邦和孟山都期望给予知识产权最高的保护标准，同时期望全世界统一的、同质的、可靠的知识产权保护体系，这比一系列不同的保护水平、不同的保护程序和不同的保护结果的知识产权法律更重要。所以大型跨国公司始终不懈地推动一个最适合其发展及经济利益的知识产权保护标准。

第三，《与贸易有关的知识产权协定》（TRIPS）所确定的多边知识产权保护模式有自身缺陷。由于世界贸易组织成员众多，而且各成员间的利益差异较大，所以很难就同一问题达成协议，更何况世界贸易组织的接受必须是“一揽子”协议，《与贸易有关的知识产权协定》（TRIPS）的修改和修订都很难，这就促成了各种形式的 TRIPS - plus 造法运动。因此，TRIPS - plus 造法问题必然发生，而且其目的是最终达成全球统一的知识产权保护标准。

一、TRIPS - plus 造法问题研究是国际实践的需要

早在 2007 年，联合国贸易发展委员会（UNCTAD）就发布了一份报告讨论“国际投资贸易协议中的知识产权条款”问题。[1] 下面这张图[2]就是摘自这份报告。从图中我们不难看到，特惠贸易投资协议（preferential trade and investment agreements，简称 PTIAs）分为 3 种：包含 TRIPS - plus 的特惠贸易投资协议、重申《与贸易有关的知识产权协定》（TRIPS）规定的特惠贸易投资协议和没有知识产权条款的特惠贸易投资协议。其中这些协议占比分别是 51%、40% 和 9%。这说明在特惠贸易投资协议中有 91% 的协议包括知识产权条款，同时超过半数的协议包括 TRIPS - plus 条款，可见国际贸易投资协议中的知识产权问题是非常重要的。TRIPS - plus 造法是值得重视的问题。

[1] UNCTAD/WEB/ITE/IIA/2007/1.

[2] UNCTAD/WEB/ITE/IIA/2007/1.

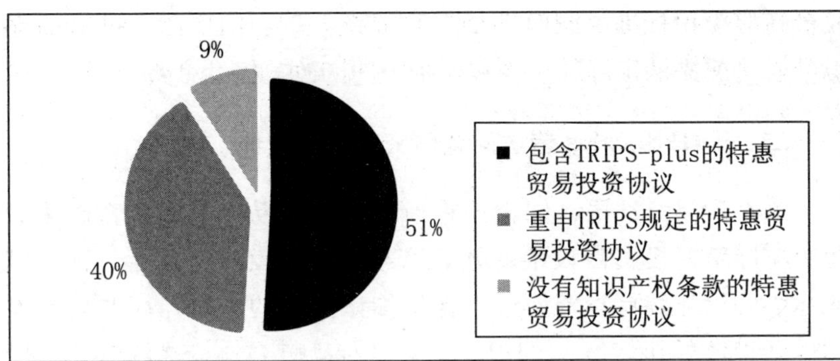

图 1 特惠贸易安排中知识产权条款的形式[1]

目前《与贸易有关的知识产权协定》（TRIPS）所规定的保护，仅是“最低的知识产权保护标准”，而不是“最适合的知识产权保护标准”，世界上一些国家一直在寻求机会提高知识产权保护的国际标准。同时跨国公司总是在它们经营的市场中期待利润最大化和最少的官僚体制。所以它们推动修改现有的知识产权保护标准，使其成为向知识产权权利人或所有者一边倒的准则。现存的国际贸易投资协议中的知识产权保护参差不齐，主要表现在：保护水平不同、保护程序不同和保护结果不同。这样就很难保证跨国公司的知识产权在各个国家受到同样的保护。

此外，一些发达国家也借由双边、区域、复边和多边协议来推动发展中国家接受比《与贸易有关的知识产权协定》（TRIPS）保护要求更高的知识产权保护标准，当越来越多的国家接受这些 TRIPS - plus 知识产权保护标准的时候，[2]也就是改革知识产权保

---

[1] 图中的数据来源于 UNCTAD/WEB/ITE/IIA/2007/1，由笔者整理。

[2] GRAIN and SAFEC 在他们的研究中考察了 23 个包含 TRIPS - plus 的双边、区域投资协议，这些投资协议涉及 150 多个国家。See GRAIN，SANFEC，“TRIPS - plus Through The Back Door：How Bilateral Treaties Imposes Much Stronger Rules for IPRs on Life than the WTO”，Report，July，2001.

护的国际保护标准的时候。厘清国际贸易投资中的 TRIPS－plus 条款能够为将来的国际知识产权保护公约的改革提供思路。

二、TRIPS－plus 造法问题研究有学术价值

当今世界经济中，知识产权所占国际贸易投资的比重越来越大，国际贸易投资协议中的知识产权条款也就应运而生。而且越来越多的国际贸易投资协议中保护知识产权的规定在《与贸易有关的知识产权协定》（TRIPS）保护的范畴之外。这就对现行的《与贸易有关的知识产权协定》（TRIPS）保护形成挑战。为什么会出现这种现象？主要是关于国际贸易投资法中的知识产权的基础理论研究不足。所以从学术研究的角度看，本书主要研究这些双边、区域、复边和多边贸易投资协定中的知识产权保护以及专门的知识产权协定是否或者怎样超出了《与贸易有关的知识产权协定》（TRIPS）保护的标准？并同时为超出现有《与贸易有关的知识产权协定》（TRIPS）保护的国际贸易投资法中的知识产权的保护梳理出一条路径，以便减少国际贸易投资法中的知识产权规定与《与贸易有关的知识产权协定》（TRIPS）的冲突，并为未来国际知识产权法律的改革铺平道路。

三、TRIPS－plus 造法问题研究符合中国的国家利益的需要

世界贸易组织中知识产权谈判基本瘫痪，无论发达国家还是发展中国家为了发展经济，都签订了很多的双边、区域、复边和多边贸易投资协定。无独有偶，这些协定中都明确规定了保护知识产权的义务。同时发达国家也借由双边投资协定、自由贸易协定和区域贸易协定中所规定的知识产权保护的义务来实现发达国家的利益诉求，比如美国利用双边贸易投资协定来提高其产业的经济利益，并推高知识产权的保护标准。中国作为世界上最重要

的经济力量之一，也不能忽视这种运用制度提高国家产业经济利益的路径。特别是我们正在参与谈判诸多的贸易投资协定，比如《中美双边投资协定》和《中欧贸易投资协定》等，就更应该抓住契机彰显国家利益、保护产业利益，在 TRIPS－plus 造法中加入中国关心的对中国有利的知识产权利益。

第四节 文献综述

通过对与本书主题相关的已经正式提交入库的博硕士论文的检索，除两篇题目相近的中国硕士论文外，尚未发现与本选题相同或在实质上相近的博士论文存在。对本选题的创新性主要从两大方面进行考察：一是目前国内外已经正式提交的博硕士论文中有无相同和近似的论文；二是目前国内外的著述中有无相同和近似的专著和论文。

一、相关博硕士论文

经检索，近年来与 TRIPS－plus 相关的已通过答辩的博硕士论文如下。

（一）国内的博硕士论文库的检索情况[1]（按完成时间倒序排列）

通过在中文数据库检索关键词“TRIPS－plus”，发现有 2 篇中国优秀硕士学位论文和 5 篇中国博士学位论文。汇总表如下。

[1] 论文检索时间 2012 年 3 月 5 日。

表 1 与 TRIPS – plus 相关的中国硕博论文

与 TRIPS – plus 相关的中国优秀硕士论文（2 篇）					
	作者	论文题目	指导教授	学校	年份
1	张正怡	《TRIPS – plus 条款的法律问题研究》（优硕）	贺小勇	华东政法大学	2010
2	揭捷	《TRIPS – plus 协定研究》（优硕）	古祖雪	厦门大学	2009
与 TRIPS – plus 相关的中国博士论文（5 篇）					
	作者	论文题目	指导教授	学校	年份
1	刘强	《国际贸易相关的专利强制许可制度研究》（博）	张乃根	复旦大学	2009
2	衣淑玲	《国际人权视角下〈TRIPS 协定〉的变革研究》（博）	曾华群	厦门大学	2008
3	张雪忠	《TRIPS 协定对药品知识产权的保护及发展中国家的法律对策》（博）	朱榄叶	华东政法大学	2007
4	叶志华	《TRIPS 框架下药品专利强制许可之修法趋势研究》（博）	周忠海	中国政法大学	2006
5	王红霞	《建立中华自由贸易区的可行性及框架安排研究》（博）	王绍熙	对外经济贸易大学	2003

综上所述，目前国内只有两篇与本论文研究相近的硕士论文，即《TRIPS - plus 条款的法律问题研究》和《TRIPS - plus 协定研究》，这两篇论文中第一篇注重具体的 TRIPS - plus 条款，而第二篇注重 TRIPS - plus 协定，对目前存在的 TRIPS - plus 法律进行了一定的比较分析，但两篇文章都没有从 TRIPS - plus 知识产权国际立法的角度来阐述问题，更没有深度研究 TRIPS - plus 造法的理论体系。这两篇硕士论文也没有注意到现有的世界贸易组织争端解决机构的司法实践会对未来的 TRIPS - plus 造法起到的指引作用。同时，这两篇硕士论文局限于研究时的材料，不能较全面地把握 TRIPS - plus 造法的发展态势。

（二）国外的博硕士论文库检索情况〔1〕

通过在国外数据库检索关键词“International Trade and Investment and Intellectual Property”共发现论文 7 篇，但分别检索关键词“Intellectual Property in International Investment and Trade Agreement”和“ TRIPS - plus”均未发现任何论文。此外，笔者还检索了文库〔2〕ProQuest Digital Dissertations（PQDD）和乔治·华盛顿大学的图书馆〔3〕（George Washington University Law School Jacob Burns Library），也未发现和本文写作主题相同、相关或相近的博硕士论文。

1. 检索中与“国际贸易投资法中的知识产权（International

〔1〕 国外数据库检索时间为 2011 年 5 月。

〔2〕 经过询问乔治·华盛顿大学的图书管理员，得知 ProQuest 是目前唯一的国外博硕论文电子资源数据库，其数据资源涵盖北美、欧洲等国。但是此数据库的缺陷在于：可能无法收录全部国外博硕论文。因为这取决于各个学校是否将其纸质博硕论文载入数据库。比如：乔治·华盛顿大学 2010 年前的博硕论文还未载入数据库。

〔3〕 为了全面检索相关论文，笔者还根据乔治·华盛顿大学的图书管理员的指导检索了乔治·华盛顿大学法学院所有博硕论文纸质版本，未发现和本文写作主题相同、相关或者相近的博硕论文。

Trade and Investment and Intellectual Property）” 相关同时与本书写作主题相关的论文主要有（按完成时间倒序排列）：

表 2　国际贸易投资与知识产权相关外国论文

	Author	Title	Name of University	Submitted Year
1	Srividya Jandhyala	International Investment Re－gimes：De Jure Policies，De Practices and MNC Strategic Choices（Ph. D）	the University of Pennsylvania	2009
2	Eric Christopher Matolo	Essays on Intellectual Proper-ty and Investment（Ph. D）	University of California	2008
3	Azim Mirsharapo－vich Sadikov	Essays on Trade Barriers，Trade Integration and The Activities of Multinational En-terprises（Ph. D）	University of Colorado	2007
4	Jirawat Panpiemras Essays	Essays on Dynamic of Intel-lectual Property Rights and International Joint Ventures（Ph. D）	University of Colorado	2005
5	Sawada Naotaka	The Economic Impacts of Technology Transfer and Sp－illovers through Foreign Di-rect Investment in Developing Countries（Ph. D）	University of Hawaii	2005
6	Joanna Vinluan Tobiason	The Impact of Stronger Intel-lectual Property Rights on U. S. Multinational Firms' De－cisions to Invest，License and Export（Ph. D）	Duke Uni－versity	2004

续表

	Author	Title	Name of University	Submitted Year
7	Michael W Nicholson	Intellectual Property Protection, Multinational Enterprise, and Technological Development (Ph. D)	University of Colorado	2001

2. 检索中未发现与“TRIPS - plus”相关同时与本书写作主题相关的博硕士论文。

综上所述，国外的博硕士论文中只有关于“国际贸易投资法中的知识产权”问题的研究，尚没有博硕士论文专门研究 TRIPS - plus 问题。而且现存的“国际贸易投资法中的知识产权”博士论文研究都存在于经济学领域，尚没有法学领域的博士论文研究。

二、与 TRIPS - plus 相关的学术成果

（一）国内著作和文章

1. 国内著作类。国内的各种著作中基本没有与 TRIPS - plus 相关的论述。但是有些著作某些章节涉及“国际贸易投资法协议中的知识产权”或者“多边协议中知识产权的保护”，国内没有关于 TRIPS - plus 法律问题的相关专著。比如刘笋在《WTO 法律规则体系对国际投资法的影响》一书的第三章“与贸易有关的知识产权协议和国际投资环境的改善”中论述了知识产权保护与国际投资的关系和在国际投资法中的地位，评析了《与贸易有关知识产权协定》（TRIPS）在国际投资法的发展和完善中的作用。〔1〕王贵国

〔1〕 刘笋：《WTO 法律规则体系对国际投资法的影响》，中国法制出版社 2001 年版。

在《国际投资法》一书中专章介绍了“知识产权保护”和“国际技术转让”，该书最初写于 1987 年，原名为《发展中的国际投资法律规范》，后扩充内容并调整结构，改名为《国际投资法》。[1]王贵国还在《区域安排法律问题研究》一书中专章论述了“略论 CEPA 中的知识产权保护”，这是和本书论题最相近的相关著述，但其主要侧重点是中央政府与香港、澳门签署的《关于建立更紧密经贸关系的安排》（CEPA）中的知识产权保护，研究对象较少。[2]吴汉东、郭寿康主编的《知识产权制度国际化问题》一书共分为 3 编，分别为动力论、变革论和发展论。它是国内研究知识产权国际保护的最新成果，但是此书未分析后 TRIPS 时代知识产权国际立法体制，特别是 TRIPS－plus 造法问题。[3]

2. 国内文章类。近年来，国内的文章中包含一些 TRIPS－plus 相关的论述。首先，主要研究概念、特征或者某类协议中的 TRIPS－plus 条款，比如林应钦认为“TRIPS－plus”扩张具有法律依据和深刻的诱因，认识和掌握“TRIPS－plus”扩张的法律特性非常重要。[4]张建邦在这方面的研究较为深入但其主要关注发达国家制定的“高标准”的知识产权保护规则，所以他将“TRIPS－plus”译作“TRIPS－递增”，“论‘TRIPS－递增’协定在 WIPO 公约体系和 WTO 法律框架下的制度空间与适用关系”这篇文章注重 TRIPS－plus 的高标准保护为发展中国家的应对提供了策略；[5]

---

〔1〕 王贵国：《国际投资法》，法律出版社 2008 年版。

〔2〕 王贵国：《区域安排法律问题研究》，北京大学出版社 2004 年版。

〔3〕 吴汉东、郭寿康主编：《知识产权制度国际化问题研究》，北京大学出版社 2011 年版。

〔4〕 林应钦：“‘TRIPS－plus’扩张的法律分析”，载《电子知识产权》2008 年第 8 期。

〔5〕 张建邦：“论‘TRIPS－递增’协定在 WIPO 公约体系和 WTO 法律框架下的制度空间与适用关系”，载《政法论丛》2008 年第 2 期。

“‘TRIPS－递增’协定的发展与后 TRIPS 时代的知识产权国际保护秩序”一文明确了“TRIPS－递增”影响着后 TRIPS 时代知识产权国际保护的基本法律秩序；〔1〕“‘TRIPS－递增’协定：类型化与特征分析（上、下）——基于后 TRIPS 时代知识产权国际保护制度发展趋势的一种考察”主要类型化分析了“TRIPS－递增”协定。〔2〕张正怡注意到美国和欧盟的高标准的知识产权保护，揭示了该类条款对知识产权国际保护及我国的影响。〔3〕其次，主要研究国际投资中的知识产权保护，比如刘笋主要从国际投资法的角度论证了知识产权保护，他认为各国国内知识产权法的地域性限制和立法的差异导致了高新技术的国际投资活动，TRIPS 会对国际投资有深远影响〔4〕，知识产权保护水平高低与知识产权保护的健全与否，将成为判断一国投资环境好坏和评价投资立法水平高低的重要依据〔5〕。沈四宝和袁杜娟认为发展中国家应当确立科学的与国际直接投资有关的知识产权保护价值取向，实行知识产权的适度保护、禁止滥用，从根本上提高国家和企业自主创新能力，积极应对各种国际直接投资中的知识产权争议。〔6〕李凤琴在“双边投资协定中的 TRIPS－plus 标准研究”一文中阐述了将特定的知

〔1〕 张建邦：“‘TRIPS－递增’协定的发展与后 TRIPS 时代的知识产权国际保护秩序”，载《西南政法大学学报》2008 年第 2 期。

〔2〕 张建邦：“‘TRIPS－递增’协定：类型化与特征分析（上、下）——基于后 TRIPS 时代知识产权国际保护制度发展趋势的一种考察”，载《世界贸易组织动态与研究》2008 年第 5 期、第 6 期。

〔3〕 张正怡：“TRIPS－plus 条款对我国知识产权政策的启示”，载《法治论丛》2010 年第 5 期。

〔4〕 刘笋：“知识产权保护立法的不足及 TRIPs 协议与国际投资法的关系”，载《政法论坛》2001 年第 2 期。

〔5〕 刘笋：“知识产权保护在国际投资法中的地位”，载《河北法学》2001 年第 3 期。

〔6〕 沈四宝、袁杜娟：“国际直接投资中的知识产权保护法律问题”，载《山西大学学报（哲学社会科学版）》2006 年第 3 期。

识产权纳入投资范围，使得投资协定中的条款都适用于知识产权，从而形成 TRIPS - plus 造法。〔1〕最后，主要研究国际贸易协议中的知识产权保护，比如杨静主要研究了美国自由贸易协定中的 TRIPS - plus 条款并强调其已经在全球扩张，分析其对发展中国家和最不发达国家所造成的不良后果。〔2〕陈福利主要研究了最新的 TRIPS - plus 造法的两个协议《反假冒贸易协议》（ACTA）和《跨太平洋战略合作协议》（TPP），这两个协议也都是由发达国家主导的。〔3〕毛海波注意到《反假冒贸易协议》（ACTA）将知识产权国际保护提到了一个全新的高度，体现了 TRIPS - 递增的生长趋势，必将对中国产生重大影响。〔4〕此外，还有学者从国际知识产权贸易谈判的方略提出建议。〔5〕

可见，目前的研究尚处于粗糙、零散、碎片化的状态。而且几乎所有的研究都是针对发达国家提倡的"高标准"的知识产权保护，还没有学者全面系统地阐述 TRIPS - plus 法律问题，更没有学者从 TRIPS - plus 造法的角度来系统阐述研究 TRIPS - plus 知识产权保护标准的问题。由于近两年来 TRIPS - plus 造法的迅猛发展态势，需要对这个问题进行更加详细的具体的研究，体系化总结规律。此外，

〔1〕 李凤琴："双边投资协定中的 TRIPS - plus 标准研究"，载《2008 年全国博士生学术论坛（国际法）论文集》，同时载《世界贸易组织动态与研究》2009 年第 3 期。

〔2〕 杨静："美国—新加坡自由贸易协定 TRIPS - plus 条款研究"，载《东南亚纵横》2010 年第 11 期；杨静："美国自由贸易协定中 TRIPS - plus 规则的立法动力分析"，载《知识产权》2011 年第 7 期。

〔3〕 陈福利："《反假冒贸易协定》述评"，载《知识产权》2010 年第 5 期；陈福利："知识产权国际强保护的最新发展——《跨太平洋伙伴关系协定》知识产权主要内容及几点思考"，载《知识产权》2011 年第 6 期。

〔4〕 毛海波："TRIPS - 递增扩张及其在《反假冒贸易协定》中的成长"，载《世界贸易组织动态与研究》2011 年第 5 期。

〔5〕 李晓玲、陈雨松："国际知识产权贸易谈判的新方略"，载《环球法律评论》2011 年第 1 期。

对于发展中国家主张知识产权保护的“新标准”鲜有研究。

(二) 国外著作和文章有关 TRIPS – plus 的论述

国外关于 TRIPS – plus 的研究比国内多，而且视角也较宽泛，但学者们多针对一个细节问题具体研究，缺乏对 TRIPS – plus 造法问题的整体全面的系统化梳理和研究。

1. 著作中直接讨论 TRIPS – plus。目前，国外著作中直接研究 TRIPS – plus 的只有一本，[1]它主要从政治、经济、社会学角度研究了知识产权、贸易和发展的关系，认为发展中国家应该重视知识产权保护与贸易、发展的关系，并应该找到方法以强化效果。

2. 著作中仅仅在某一章节中讨论到 TRIPS – plus。很多学者已经关注到了在各个方面的 TRIPS – plus 造法问题，所以多在其著作中用一个章节来特别说明此问题，且研究角度也比较多元化。比如注重发展中国家该怎样应对知识产权保护的发展，[2]知识产权政策对发展中国家和最不发达国家的重要性。[3]还有学者讨论了双边、区域、自由贸易协议中的 TRIPS – plus 造法问题。[4]有学

---

〔1〕 Daniel J. Gervais, *Intellectual Property, Trade & Development: Strategies to Optimize Economic Development in a TRIPS – plus Era*, Oxford; New York: Oxford University Press, 2007.

〔2〕 Mohammed El Said, *The Development of Intellectual Property Protection in the Arab World*, Lewiston: Edwin Mellen Press, 2008. Carolyn Deere, *The Implementation Game: The TRIPS Agreement and The Global Politics of Intellectual Property Reform in Developing Countries*, Oxford; New York: Oxford University Press, 2009. Donatella Alessandrini, *Developing Countries and The Multilateral Trade Regime: the Failure and Promise of the WTOs' Development Mission*, Oxford; Portland. Or.: Hart, 2010.

〔3〕 Birgitte Andersen, *Intellectual Property Rights: Innovation, Governance and the Institutional Environment*, Cheltenham, UK; Northampton, Mass.: Edward Elgar, 2006.

〔4〕 Lorand Bartels and Federico Ortino, *Regional Trade Agreements and The WTO Legal System*, Oxford; New York: Oxford University Press, 2006. Stephen Woolock, *Trade and Investment Rule – making: The Role of Regional and Bilateral Agreements*, Tokyo; New York: United Nations University Press, 2006. Christopher Heath and Anselm Kamperman Sanders, *Intellectual Property and Free Trade Agreements*, Oxford; Portland. Or.: Hart, 2007.

者注重知识产权执行，特别是 TRIPS－plus 知识产权执行的法律、经济评估。[1]

3. 文章类中研究 TRIPS－plus。国外研究 TRIPS－plus 的文章视角也比国内丰富。除了研究各种贸易中的 TRIPS－plus 标准，[2]有学者运用争端解决机制挑战 TRIPS－plus 协议，[3]有学者认为知识产权执行是 TRIPS－plus－plus 标准，[4]还有学者分析了 TRIPS－plus 对《与贸易有关的知识产权协定》（TRIPS）灵活性条款的限制，从而使得发展中国家和最不发达国家在很短时间内达到世界贸易组织框架下知识产权保护的标准。[5]

综上所述，国外对于 TRIPS－plus 的研究比国内全面，但是所有研究都集中于单一领域，还没有系统理论的梳理，所以有必要

---

〔1〕 Birgitte Andersen, *Intellectual Property Rights: Innovation, Governance and the Institutional Environment*, Cheltenham, UK; Northampton, Mass.: Edward Elgar, 2006. Xuan Li, Carlos M. Correa, *Intellectual Property Enforcement: International Perspectives*, Cheltenham, UK; Northampton, Mass.: Edward Elgar, 2009.

〔2〕 Vivas－Eugui David, *Regional and Bilateral Agreements and A TRIPS－plus World: the Free Trade Area of the Americas (FTAA)*, Geneva: Quaker United Nations Office; Ottawa: Quaker International Affairs Program, 2003. Sisule F. Musungu and Graham Dutfield, *Multilateral Agreements and a TRIPS－plus World: The World Intellectual Property Organization (WIPO)*, Geneva: Quaker United Nations Office; Ottawa: Quaker International Affairs Program, 2003. Redro Roffe, *Bilateral Agreements and a TRIPS－plus World: the Chile－USA Free Trade Agreement*, Ottawa: Quaker International Affairs Program, 2003.

〔3〕 Susy Frankel, "Challenging TRIPS－Plus Agreements The Potential Utility of Non－Violation Disputes", *Journal of International Economic Law*, 4（2009）. Alan M. Anderson and Bobak Razavi, "International Standards for Protection of Intellectual Property Rights Post－TRIPS The Search for Consistency", *Transitional Dispute Management*, 2（2009）.

〔4〕 Xuan Li, "WCO SECURE Lessons Learnt From the Abortion of the TRIP－Plus－Plus IP Enforcement Initiative", South Center, 2008.

〔5〕 Mohammed EL－SAID, "The Road from TRIPS－Minus, to TRIPS, to TRIPS－Plus Implications of IPRs for the Arab World", *The Journal of World Intellectual Property*, Vol 8. No. 1, January, 2005.

从 TRIPS－plus 造法的模式、各国利益在 TRIPS－plus 造法中的体现，TRIPS－plus 造法最新进展，国际司法实践对 TRIPS－plus 造法的纠正，反思 TRIPS－plus 造法和中国应有的影响等方面进行系统的理论性的阐述。

（三）结论

通过对国内外现有的 TRIPS－plus 相关学术成果进行考察，可以看到目前国内基本上没有相关专著。同时国内外仅有的相关研究大多尚处于粗糙而零散的状态。所以本研究所设计的主题正好弥补空缺，并且可以将现有零散的研究体系化。

三、期望本书所具有的创新性

通过上述对相关博硕士论文和与 TRIPS－plus 相关学术成果的检索和考察，发现本书的设计主题应当在国内外知识产权界来讲都具有新颖性。就目前可以检索到的资料看，国内外尚无人对此进行过博士论文的写作，因而这是一个值得进行研究且作为博士论文的课题。

本书主要期望在以下几方面有创新：第一，在内容上，从上述参考文献不难看出，一些国内外学者已经对 TRIPS－plus 标准有了研究成果。但是在知识产权国际保护制度的立法上，国内外鲜有学者研究，截至目前，仅包括：赛尔（Sell）教授的《私人权力，公共法律：知识产权全球化》一书详细分析了《与贸易有关的知识产权协定》（TRIPS）制定的构造机理；赫尔弗（Helfer）教授在“体制转换：TRIPS 和知识产权国际立法新动力学”一文中分析了在《与贸易有关的知识产权协定》（TRIPS）生效后知识产权国际立法；吴汉东教授和郭寿康教授主编的《知识产权制度国际化问题研究》中第一篇动力论，专门研究了知识产权国际保护制度的构造机理，此篇主要从宏观层面分析了知识产权国际立法，特别是以《与贸易有关的知识产权协定》（TRIPS）为例做的研究。在参考集合上述学者的研究成果的前提下，本书从内容上注重研究后 TRIPS 时代宏观层面的 TRIPS - plus 造法模式和微观层面 TRIPS - plus 立法具体内容、最新范例以及最新在世界贸易组织争端解决机构进行磋商的争端等，希冀全面囊括促成知识产权国际立法的各个层面。

第二，在观察视角上，本论文选择研究了一个一直处于变化中的 TRIPS - plus 造法问题，旨在从现有的资料和判例中找到发展中国家和发达国家不同的知识产权国际立法路径、不同的知识产权国际立法利益和不同的知识产权国际立法的手段，以此为我国参与知识产权国际谈判做好准备。此外，本论文选择的研究角度是 TRIPS - plus 的立法层面，在研究 TRIPS - plus 立法的时候，又从各个角度深度阐释其造法模式、造法的具体内容、世界贸易组织争端解决对 TRIPS - plus 造法的影响等，对 TRIPS - plus 造法问题进行理论性系统性分析。

第三，在研究资料的选择上，主要体现为最新的立法资料、最新的世界贸易组织争端解决案例和研究集中于原始的一级文献三部分。首先，本书研究了最新的 TRIPS - plus 立法实践，比如《反假冒贸易协议》（ACTA）、美国主导的《跨太平洋战略合作伙伴协议》（TPP）、欧盟主导的《经济合作协议》（EPA）以及美欧正在谈判的《跨大西洋贸易与投资伙伴协议》（TTIP），其中《跨太平洋战略合作伙伴协议》和《跨大西洋贸易与投资伙伴协议》还只是草案，尚未形成正式文本。其次，本论文还研究了提请世界贸易组织争端解决机构磋商的最新案例，比如：2010 年印度 - 欧盟和荷兰转运中药品的争端和巴西 - 欧盟和荷兰转运中药品的争端。最后，本书除了借鉴现已形成的研究成果二级文献外，还大量应用分析原始资料一级文献，比如法条和立法史的分析研究引用，这为本文的创新性奠定了坚实的文献基础。

本书通过仔细研究得出：TRIPS - plus 造法不应是向知识产权权利人一边倒的知识产权保护，而应是兼顾人类社会发展共同问题的知识产权保护的 TRIPS - plus 造法，只有这样 TRIPS - plus 造法才能更好地实现《与贸易有关知识产权协定》（TRIPS）追求的价值目标——利益平衡，才是具有正义性和普适性的知识产权国际立法。

第五节 研究思路

本书设计的主旨已经在本书开篇作了介绍，即考察 TRIPS - plus 造法问题。全书共包括 7 章。

第一章是对“TRIPS - plus 造法问题”的概括介绍，包括 TRIPS - plus 造法问题的提出；TRIPS - plus 的界定；研究 TRIPS - plus 造法的重要性；等等。

第二、三、四、五、六章则具体对 TRIPS - plus 造法的模式、具体内容、最新的立法和世界贸易组织争端案例以及对 TRIPS - plus 造法的反思做了全面具体介绍。其中第二章“TRIPS - plus 的国际造法模式”主要对发达国家和发展中家所选用的不同造法模式做了介绍，发达国家多采用贸易协定、投资协定和知识产权协定来规定 TRIPS - plus 知识产权保护标准。发展中国家一般采用知识产权协定、“TRIPS 与……问题”以及世界贸易组织争端案例来重塑 TRIPS - plus 知识产权保护标准。第三章“各国利益在 TRIPS - plus 造法中的体现”主要是以美国和欧盟为主的发达国家在 TRIPS - plus 造法中所体现的国家利益，同时阐述了一些发展中国家对此类造法的态度，发现发达国家和发展中国家的知识产权保护的国家利益并不截然相悖。第四章“TRIPS－plus 造法的最新范例”主要分析了最新的知识产权 TRIPS－plus 造法，包括《跨太平洋战略合作协议》（TPP）知识产权部分美国草案、欧盟《经济合作协议》（EPA）知识产权部分、《反假冒贸易协议》（ACTA）和《跨大西洋贸易和投资合作协议》（TTIP）。第五章“通过争端解决和国际法裁定应对 TRIPS－plus 造法”主要是通过对世界贸易组织争端解决机构的案例研究，为发展中国家应对发达国家的高标准保护的 TRIPS－plus 造法提供司法阻止的思路。第六章“TRIPS－plus 造法的思路与趋势”主要阐释了《与贸易有关的知识产权协定》（TRIPS）中有利于发展中国家的条款和最高知识产权保护标准，并探讨了 TRIPS－plus 造法对《与贸易有关的知识产权协定》（TRIPS）修改的可能性。

第七章“中国应对 TRIPS－plus 造法的建议”主要分析了中国知识产权的国家利益，希冀从以上的 TRIPS－plus 造法问题的研究中得到启示，并在未来的知识产权国际立法谈判中，利用发达国家和发展中国家所选用的 TRIPS－plus 造法体现我国的国家利益并对 TRIPS－plus 造法产生实际的影响。

结论：TRIPS－plus 造法趋势是不可逆的，而且最终会影响国际知识产权保护的标准，表现为不断接近发达国家所希望的知识产权的“最高保护标准”。但是在这条发展的道路上又呈现出两难的选择：是向发达国家知识产权权利人一边倒的知识产权国际保护标准？还是向发展中国家主张的兼顾人类社会发展的共同问题的知识产权保护？在这进程中，中国作为世界上重要的经济力量之一，也作为一个正在进入中等发达国家序列的国家，要从本国产业利益出发，灵活运用各种 TRIPS－plus 造法模式，提出建议以实现国家产业发展利益，保障这个占世界1/5 人口的国家中人民的生存发展权。中国应推动 TRIPS－plus 造法向普适性的正义道路前进。国际社会需要公正合理的国际规则，只有这样才能构建和谐世界，实现永久和平。

第六节 研究方法

除了上文提到的创新性的研究方法，本书还会运用以下的研究方法：第一，历史分析的方法。当代是历史的延续。这种方法主要运用在第一章、第二章、第三章和第六章中。第二，比较分析的方法。这种方法主要出现在第二章、第三章和第七章中，同时在其他章节中的一些微观层面也会有所涉及。第三，规范分析的方法。由于本书涉及 TRIPS - plus 具体制度和规则的研究，规范分析的方法大量应用，基本贯穿了整本书。第四，案例分析的方法。对于 TRIPS - plus 造法应对的司法实践主要是在世界贸易组织争端解决机制提请的磋商请求，所以案例分析的方法在书中也被大量运用，特别集中于第二章、第三章、第四章、第五章和第六章中。第五，经济分析的方法。本书是一篇既重理论研究又重现实意义的专著，比如在研究第七章的第二节“中国知识产权保护中的国家利益”和第四节“中国对于 TRIPS - plus 造法应有的影响”时，会不可避免地通过分析一些经济数据来支持本书的论述。

本书重点运用前四种研究方法分析论证 TRIPS - plus 造法问题，最后一种经济分析的方法只是前四种研究方法的补充。本书还运用了社会调查的方法，通过与国内外专家学者等的交流来深入理解分析 TRIPS - plus 造法问题。

第二章

TRIPS - plus 的国际造法模式

第一节　TRIPS - plus 造法模式的概述

国际社会需要公正合理的国际规则，只有这样才能构建和谐世界，实现永久和平。为了构建公正合理的国际规则，制定规则的弱势群体——发展中国家需要团结起来争取共同关心的利益。TRIPS - plus 造法在《与贸易有关的知识产权协定》（TRIPS）规定最低的知识产权保护标准开始就埋下了伏笔。《与贸易有关的知识产权协定》（TRIPS）本身是大型跨国公司为了保护其自身的知识产权利益在全世界推动所得到的结果，所以对于大型跨国公司来说，统一的最高标准的知识产权保护永远是其诉求，只要这种“高的知识产权保护标准”一天没有实现，发达国家 TRIPS -

plus 造法的脚步就不会停止。但是在跨国公司不断追求利益最大化的过程中，发展中国家、国际组织和一些非政府组织也逐渐意识到人类发展所需要的基本利益，比如公共健康。所以这些国家和组织也参与到 TRIPS－plus 造法中来。发展中国家的参与有利于形成公正合理的知识产权保护的国际规则，有利于国际社会、人类的共同发展。TRIPS－plus 造法过程中，由于发展中国家和发达国家的利益诉求有别，所以选择的造法方式也不同。发达国家多采用贸易协定、投资协定和知识产权协定来规定 TRIPS－plus 知识产权保护标准。发展中国家一般采用知识产权协定、"TRIPS 与……问题"以及世界贸易组织争端解决机制来重塑 TRIPS－plus 知识产权保护标准。其中贸易协定和知识产权协定可以直接确立 TRIPS－plus 标准，而投资协定只能通过投资和投资者的保护原则和规则间接产生 TRIPS－plus 造法。〔1〕同时，投资协定中也包含一种"知识产权的最高保护标准"的规定，却没有进一步界定什么是"最高保护标准"。要想了解 TRIPS－plus 的造法问题，首先应了解拥有不同利益的国家或者国际组织采用什么样的方式来实现其利益诉求。

本章共包括 5 小节的内容：第一节概括介绍了发达国家和发展中国家所采用的 TRIPS－plus 造法模式；第二节具体分析了国际贸易投资协定中的 TRIPS－plus 造法模式，包括单边主义模式、双边主义模式、区域主义模式和复边主义模式，其中复边主义模式是发达国家 TRIPS－plus 造法的最新模式；第三节阐述了世界知识产权组织框架下和区域知识产权协定中的 TRIPS－plus 造法模式，主要是针对新技术领域和传统资源领域的知识产权问题的 TRIPS－

---

〔1〕张建邦："'TRIPS－递增'协定的发展与后 TRIPS 时代的知识产权国际保护秩序"，载《西南政法大学学报》2008 年第 2 期。

plus 造法；第四节介绍了“TRIPS 与……问题”的 TRIPS - plus 造法模式，主要是针对发展中国家的诉求——传统资源的知识产权保护，因为世界上大约 80% 的传统资源由发展中国家所拥有；最后一节是对本章内容的小结。

一、发达国家选用的 TRIPS - plus 造法模式

自 2001 年多哈会谈后，《与贸易有关的知识产权协定》（TRIPS）议题谈判几乎瘫痪，发达国家认识到，很难在现状下修订《与贸易有关的知识产权协定》（TRIPS）以达到他们期望的“高标准”知识产权保护的诉求。在多边主义模式无法实现发达国家提高知识产权保护标准的前提下，发达国家在 TRIPS - plus 造法过程中转而采用单边、双边、区域和复边主义〔1〕模式。其实这些模式并不是发达国家现在才创设的。早在《与贸易有关的知识产权协定》（TRIPS）制定之前，单边、双边、区域和复边主义造法模式就是发达国家表达其利益诉求并推动这种利益诉求成为知识产权国际立法主导者的利器。而且发达国家的 TRIPS - plus 造法多发生在国际贸易投资协议中的几条或者一个专门章节中。有的学者也认为，在前三次的知识产权保护论坛模式转换的过程中，发达国家就一直采用单边主义或双边主义的造法模式来推高知识产权的保护标准从而最终形成多边的统一的知识产权国际保护规则，典型的例子是《与贸易有关的知识产权协定》（TRIPS）的制

〔1〕 笔者将“Plurilateralism”译为“复边主义”，有学者将其译为“诸边主义”。“复边主义（Plurilateralism）”协议是一部分世界贸易组织成员在《关税贸易总协定》下制定的协议，笔者认为译成“复边主义”更贴切，因为复边主义协议是在世界贸易协议的框架内制定的，同时复边主义协议的成员又都是世界贸易组织的成员，无论在协议主体还是协议内容上都具有双重性。所以“复边主义”一词可以更好地体现这种特性。

定。[1]发展中国家之所以接受，是因为发达国家承诺在《与贸易有关的知识产权协定》（TRIPS）制定后不再运用单边和双边主义造法模式推高知识产权保护标准。[2]但发展中国家还在尽力履行《与贸易有关的知识产权协定》（TRIPS）规定的义务的时候，发达国家已经放弃承诺又通过单边、双边和区域主义模式在贸易协议中提高了知识产权保护标准。目前，发达国家又多了一种制定高标准知识产权保护的复边主义模式，这种模式通过集合有共同利益诉求的团体，秘密制定“高标准”的知识产权国际保护协定，这种新的造法模式值得重点关注。

二、发展中国家选用的 TRIPS - plus 造法模式

在以往的知识产权国际条约谈判的前三次论坛转换（forum shifting）中，即从巴黎联盟和伯尔尼联盟时期到世界知识产权组织（WIPO）时期，再到世界贸易组织（WTO）的 TRIPS 时期，发展中国家主要在发达国家主导的模式中表达自己的利益诉求，所以始终处于被动的劣势地位。在经济全球化的背景下，发展中国家参与知识产权国际保护规则的制定是必然的。但是在立法谈判中，发展中国家由于其经济实力和谈判能力所限，利用知识产权国际协调机制来寻求自身利益最大化存在偶然性。在后 TRIPS 时代，虽然发展中国家的造法力量没有变化，但是由于世界卫生组织（WHO）、联合国教育科学文化组织（UNESCO）及联合国相关

---

〔1〕 Mohammed EL - SAID, “The Road from TRIPS - Minus, to TRIPS, to TRIPS - Plus Implications of IPRs for the Arab World”, *The Journal of World Intellectual Property*, Vol 8. No. 1, January, 2005.

〔2〕 Mohammed EL - SAID, “The Road from TRIPS - Minus, to TRIPS, to TRIPS - Plus Implications of IPRs for the Arab World”, *The Journal of World Intellectual Property*, Vol 8. No. 1, January, 2005.

人权组织等国际组织强调公共健康、生物多样性、文化多样性、人权等问题是人类社会发展的公共问题，这才强化了发展中国家的谈判地位和话语权，其结果就是发展中国家推动在《与贸易有关的知识产权协定》（TRIPS）的框架下加入了一些如“TRIPS 与公共健康”、“TRIPS 与传统知识和民间艺术的保护”、“TRIPS 与遗传资源”等知识产权国际立法。这些立法限制了发达国家知识产权权利人或所有人的一些权利，使他们为人类社会发展多承担一些义务，所以这对他们来说也是一种 TRIPS－plus 知识产权保护标准。

第二节　国际贸易投资协定中 TRIPS－plus 的造法模式

一、单边主义模式（Unilateralism）

知识产权国际条约本身就是通过协议规范各成员国的单方行为。单边主义是最早的国际上国家行为的模式。单边主义与双边主义和多边主义不同，单边主义是一个国家的法案或义务，不需要相对方。[1]国际法委员会认为单边主义的法案既可以是政策性的也可以是法律，这两者的区别在于当违法发生时是否有法律救济，一般有法律救济的是法律，无法律救济的是政策。[2]美国采用的提高知识产权保护标准的单边主义模式主要是贸易法“特别

〔1〕 See Rafael Leal－Areas, *International Trade and Investment Law——Multilateral, Regional and Bilateral Governance*, Cheltenham, vk; Northampton, MA, USA: Edward Elgar, 2010, p. 31.

〔2〕 See Rafael Leal－Areas, *International Trade and Investment Law——Multilateral, Regional and Bilateral Governance*, Cheltenham, vk; Northampton, MA, USA: Edward Elgar, 2010, p. 31.

301 条款”和关税法“337 条款”。而且在制定《与贸易有关的知识产权协定》（TRIPS）前，美国一直辩称通过“特别 301 条款”是应对《关税贸易总协定》（GATT）争端解决机制薄弱的有力措施。虽然在制定《与贸易有关的知识产权协定》（TRIPS）时，美国就承诺不再适用其国内立法的单边主义模式提高知识产权保护的标准，但在《与贸易有关的知识产权协定》（TRIPS）制定后，实践中仍然运用“特别 301 条款”和“337 条款”来使其他国家提高知识产权保护水平。欧盟虽然曾对美国“特别 301 条款”在世界贸易组织争端解决机构提起磋商，但世界贸易组织争端解决机构专家组却裁定美国援引“特别 301 条款”没有违反世界贸易组织所规定的义务，〔1〕这也是为什么在后 TRIPS 时代美国变本加厉地适用国内法迫使和其有贸易往来的国家提高知识产权保护标准，而且美国还在这种单边主义模式中做了许多创新。比如：从 2006 年起，美国每年都会在“特别 301 条款年报”中公布“恶名市场（notorious markets）”。除“特别 301 条款年报”外，从 2010 年起美国贸易代表办公室每年还会公布“循环审查报告（out－of－cycle review）”。2011 年 2 月和 9 月，美国贸易代表办公室分别公布了两份循环审查报告。〔2〕这种报告主要针对日益猖獗的假冒商标和盗版行为，包括发生在网络领域中的假冒商标和盗版行为，其中多家企业榜上有名，比如，中国的百度、搜狗 MP3 以及俄罗斯的一些企业。另外，美国贸易代表办公室还有“外国贸易壁垒报告（Foreign Trade Barrier Report）”。2010 年的“外国贸易壁垒报告”就评估新西兰是加强知识产权执法的积极参与者。因为新西兰在

---

〔1〕［美］苏珊·K. 赛尔著，董刚、周超译：《私权、公法——知识产权的全球化》，中国人民大学出版社 2008 年版，第 120 页。

〔2〕“Out－of－Cycle Review of Notorious Markets”，December 20，2011，http://www.ustr.gov/webfm_send/3215，访问日期：2014 年 8 月 25 日。

2008 年 4 月份通过一部新的版权保护法律。同时，此“外国贸易壁垒报告”指责文莱的高盗版率和相对较弱的知识产权执法记录。[1]对于单边主义立法影响到的国家来说，如果说美国的单边主义立法是“大棒”模式，那么欧盟的单边主义立法则倾向“胡萝卜”，它通过交换来提高知识产权保护标准，比如通过一些特惠待遇作为交换条件使得其他国家自愿提高知识产权的保护水平。欧盟单边主义立法的主要形式有：第一种是单边特惠，此制度允许最不发达国家无关税无配额进入欧盟市场；第二种是普遍优惠制（Generalized System of Preference，简称 GSP），此制度的目的是为了提高发展中国家人权保护和出口税收；第三种是普惠制加激励体系，此制度在于激励可持续发展和良好治理。获得此种支持的发展中国家必须证明它的经济单一，对别国经济依存度大，且其经济容易遭到破坏。作为交换受益的发展中国家必须批准并执行他们之前没有批准的知识产权协定。[2]在单边主义保护机制产生普遍的影响后，多边国际协调就成为一种必要的和务实的选择。在美国和欧盟的单边主义造法模式的胁迫或引诱下，多数发展中国家甚至是发达国家都在其国内立法中提高了知识产权保护标准。此外，单边主义造法模式还有一个最基本最重要的途径，就是促成各国的知识产权立法。TRIPS－plus 造法包含上述各国立法中超越《与贸易有关知识产权协定》（TRIPS）规定的知识产权保护标准，比如美国的《版权期限延长法案》和《美国药品价格竞争和专利期限恢复法案》。

---

〔1〕 Ian F. Fergusson, Bruce Vaughn, “Trans－Pacific Partnership Agreement”, *CRS Report for Congress*, June 25, 2010.

〔2〕 Rafael Leal－Areas, *International Trade and Investment Law——Multilateral, Regional and Bilateral Governance*, Cheltenham: Edward Elgar, UK · Northampton, MA, USA: 2010, pp. 31～37.

二、双边主义模式（Bilateralism）

双边主义本是用来形容冷战时的世界格局，它采用的策略就是能拉拢的进行拉拢，不能拉拢的进行恐吓。所谓双边主义模式是只限两个缔约方参加的条约制定模式，其中任一方可以是若干国家的集合。知识产权的双边主义造法模式最早发生在 19 世纪中期的《友好通商航海条约》中，由于这样的条约越来越多，各种保护标准也越来越繁杂，被学者形象地比喻为“意大利面碗（spaghetti bowl）”。[1]这些知识产权保护标准多重头绪无法管理，便产生了制定多边国际条约的诉求来统一这些庞杂的知识产权保护标准。从 1947 年关贸总协定的失败，到 20 世纪 70 年代和 80 年代兴起的新一轮双边贸易协议和双边投资协议的制定来保护知识产权，这种知识产权立法一直延续到《与贸易有关的知识产权协定》（TRIPS）制定为止。《与贸易有关的知识产权协定》（TRIPS）制定后，发达国家既不能满足《与贸易有关的知识产权协定》（TRIPS）规定的知识产权最低保护标准又不能在多边体制下提高知识产权保护标准，所以转而又采用双边主义造法模式制定推行高标准的知识产权保护，即 TRIPS - plus 知识产权保护标准。发达国家利用双边主义模式制定知识产权保护的形式主要包括两种：双边贸易协定中的知识产权保护条款和双边投资保护协定中的知识产权保护条款，它们是双边主义造法模式在知识产权保护中不断扩张的集中表现。

（一）双边贸易协定中的 TRIPS - plus 造法

双边贸易协定是主要以贸易为议题的国际贸易领域内普遍存在的条约形式之一。以美国为例，近年来与约旦、智利、摩洛哥、

---

〔1〕 Bryan Mercurio, “TRIPS - Plus Provisions in FTAs: Recent Trends”, in Lorand Bartels & Federico Ortion ed., *Regional Trade Agreements and the WTO Legal System*, New York City: Oxford University Press, 2006, p. 217.

新加坡、澳大利亚等 20 个国家缔结了双边贸易协定；2011 年 10 月美国政府与新近加入谈判的哥伦比亚、韩国和巴拿马政府都同意了双边贸易协议并在协议上签字，至此与这 20 个国家签订的双边协定均已生效。〔1〕TRIPS－plus 知识产权保护标准最早出现在美国的自由贸易协定（FTA）中，其规定的保护标准与美国国内法持平。〔2〕这些 TRIPS－plus 法律以双边贸易协议中的单一条文、专章或复函的方式规定超越《与贸易有关的知识产权协定》（TRIPS）保护标准的知识产权保护。欧盟也不甘落后，先后和南非、智利、以色列、墨西哥、摩洛哥、约旦等国家签订了含有知识产权保护标准的双边贸易协定。欧盟也和地中海、东盟等区域组织开始谈判双边贸易协定的草案，其中都包括了知识产权保护的章节。为了换取市场准入，发展中国家毫不犹豫地签订了这些包括知识产权保护高标准的双边贸易协议。

（二）双边投资保护协定中的 TRIPS－plus 造法

双边投资保护协定是国际投资领域中普遍存在的条约形式之一，它在美国和欧盟的国际造法中被广泛应用。双边投资保护协定中的知识产权条款，在扩张发达国家知识产权权利持有者的权利的同时，也减轻了其相应的义务，所以它是 TRIPS－plus 的另一重要造法模式。以美国为例，目前生效的双边投资保护协定有 39 个，其中只有 13 个双边投资协定是在《与贸易有关的知识产权协定》（TRIPS）制定前生效的〔3〕，还有 2/3 是在《与贸易有关的

〔1〕 http://www.ustr.gov/trade－agreements/free－trade－agreements，访问日期：2014 年 8 月 25 日。

〔2〕 Bryan Mercurio，"TRIPS－Plus Provisions in FTAs：Recent Trends"，in Lorand Bartel Federico Ortino ed.，*Regional Trade Agreements and the WTO Legal System*，New York City：Oxford University Press，2006，p. 220.

〔3〕 http://tcc.export.go/Trade_Agreements/All_Trade_Agreements/exp_002699.asp，访问日期：2014 年 8 月 25 日。

知识产权协定》（TRIPS）生效之后制定的。此外还有美国与白俄罗斯、萨尔瓦多、海地、尼加拉瓜、俄罗斯和乌兹别克斯坦的双边投资协议已签订但还未生效。中国和美国的双边投资协定也在紧锣密鼓的谈判中。

早在2004年，美国还推出了《美国双边投资协定示范法》[1]，其中明确定义“投资”包括但不限于知识产权。《美国双边投资协定示范法》中的知识产权是指版权及其相关权利、专利、植物多样性权、工业设计、半导体工程设计图、商业秘密（包括专有技术和秘密的商业信息）、商标、服务标记和商号。[2] 将知识产权定义为投资的内容之一，使得双边投资保护协议的整个内容都和知识产权相关，从而提高了知识产权的保护程度。欧盟的双边投资保护协定也一改往日双边贸易协定的签订模式——以欧盟整体的名义与其他国家签订，而是以欧盟内部各成员国的名义单独对外签订。欧盟各成员国签订的投资保护协议对于知识产权的保护由于各国间的差异有所不同，但总体上都维持在较高标准的保护水平之上。欧盟各成员国的双边投资保护协议和美国双边投资保护协议一样，认为知识产权是投资的内容之一，是受投资协定保护的客体之一。

2008年8月15日，中国和东南亚联盟签署的《中国－东盟全面经济合作框架协议投资协议》中也把知识产权作为一种投资。而且知识产权所囊括的权利种类不比美国或欧盟主导的投资协议中所规定的少，它包括：版权、专利权和实用新型、工业设计、商标和服务商标、地理标识、集成电路设计、商名、贸易秘密、

〔1〕 US BIT Model（2004），http://www.state.gov/documents/organization/117601.pdf，访问日期：2014年8月25日。

〔2〕 http://tcc.export.gov/Trade_Agreements/All_Trade_Agreements/exp_002699.asp，访问日期：2014年8月25日。

工艺流程、专有技术及商誉等权利。[1] 这其中有些知识产权在我国法律中都没有明确，比如商名、贸易秘密、工艺流程等。但是在整个《中国 - 东盟全面经济合作框架协议投资协议》的其他条款中并没有任何关于知识产权保护的规定。可见，中国签订的双边投资协议中也纳入了知识产权保护的规定，但其所起的作用也仅仅是倡导性的，因其无细节规定且缺乏可操作性。但是将知识产权作为投资时，投资协议的所有内容都和知识产权保护相关，这势必提高知识产权的保护标准。中国做出这种立法模式的选择是一种偶然现象还是深思熟虑后国家利益的体现值得研判。

三、区域主义模式（Regionalism）

区域主义本是第二次世界大战后强调的一种“本国与周边国家地区的利益和外交”。欧盟本身就是一个区域主义的典型代表，其历史可追溯到 1648 年签署的《威斯特伐利亚合约》（Peace of Westphalia），条约的签订标志着欧洲 30 年战争的结束，并且确立了主权国家为最高权威形式的国际体系框架。[2]《威斯特伐利亚合约》在欧洲建立了一个各主权国家权力间的平衡。区域主义造法模式其实和上文述及的双边主义造法模式有相同的发展历史，即总是与多边主义造法模式交替出现，从而不断推动向多边的高标准的知识产权保护标准靠近。TRIPS - plus 的区域主义造法模式主要是指在区域贸易投资协议中囊括了超越《与贸易有关的知识产权协定》（TRIPS）保护标准或者《与贸易有关的知识产权协定》（TRIPS）规定原本没有包含的知识产权保护标准。美国在 TRIPS - plus 的区域主义造法模式中延续其一贯的强势态度推行高

---

〔1〕《中国 - 东盟全面经济合作框架协议投资协议》第 1.1.4.3 款。

〔2〕［美］小约瑟夫·奈著，张小明译：《理解国际冲突：理论与历史》，上海世纪出版集团 2009 年版，第 357 页。

标准的知识产权保护条款。欧洲却保持较为温和的态度，除了在地理标志上有较强的要求外，它希望知识产权保护和国际公约中的知识产权保护持平。但是无论美国还是欧盟都对知识产权执法有同样的高标准保护的诉求。

早在 2002 年，经济合作与发展组织（OECD）的研究就强调“大多数区域贸易协议中的知识产权保护已经超越了世界贸易组织中的《与贸易有关的知识产权协定》（TRIPS）规定”。[1]无独有偶，2005 年世界银行的报告也指出，“在投资和知识产权保护方面，南北（North - South）协议中的条款已经大大超过多边协议的规定，是典型的 TRIPS - plus 条款”。美国主导的区域贸易协议在条款、整体框架和知识产权保护水平上是更加细化和综合性的。欧盟与发展中国家签订的区域贸易协议更加概括而且不针对具体问题。一些欧盟的区域贸易协议中只包括知识产权保护的两条一般条款：知识产权保护的目的和知识产权保护的范围。欧盟多要求协议的签字方确保有效的最高知识产权保护标准，包括有效执行这种权利的方式。欧盟区域贸易协议规定的知识产权保护范围包括著作权、专利、工业设计、地理标志、商标、集成电路布图设计和未披露信息的保护。可见，欧盟区域贸易协议规定的知识产权保护范围和《与贸易有关的知识产权协定》（TRIPS）规定的保护范围基本一致。

四、复边主义模式（Plurilateralism）

复边主义模式起源于世界贸易组织的谈判，在世界贸易组织协议附件 4 下的政府采购、民用航空器、牛肉和奶制品 4 个议题中

---

〔1〕 Meir Perez Pugatch, “The International Regulation of IPRs in a TRIPS and TRIPS - plus World”, in Stephen Woolock ed., *Trade and Investment Rule - making: The Role of Regional and Bilateral Agreements*, United Nations University Press, 2006, p. 204.

运用。笔者认为，所谓复边主义是指在世界贸易组织框架下，一部分成员（这些成员往往有共同的利益诉求且不需要处于同一地缘政治区域内）就同一议题制定一些高标准的规则或者提出新的标准，这些规则（标准）仅适用于选择加入的国家、地区；同时向其他世界贸易组织成员开放。复边主义协议可以吸纳更多的世界贸易组织成员加入其中。典型的例子有世界贸易组织框架下的《政府采购协议》（GPA）和《信息技术协议》（ITA）。以《政府采购协议》为例，它最初就是采用复边主义模式制定的，最初的成员多为世界贸易组织成员中的发达国家或地区。因为协议没有规定最惠国待遇规则，所以以色列、新加坡和香港3个发展中国家和地区〔1〕虽然参加了“东京回合”政府采购的谈判，但是在1995年之前只是《政府采购协议》的缔约方而不是成员方。考虑到随着《政府采购协议》的评估和修改，可能会加入最惠国待遇原则，因此1997年香港和新加坡加入了该协议。现在中国等发展中国家也在积极筹划加入《政府采购协议》。〔2〕《政府采购协议》在1996年生效时只有22个成员，截至目前成员数已经达到41个。〔3〕同样，《信息技术协议》最初只有29个国家和地区签订。目前该协议的成员已扩展到70个，占信息技术产品世界贸易量的97%。〔4〕无论是《政府采购协议》还是《信息技术协议》都正在逐步吸纳越来越多

〔1〕在《政府采购协议》的谈判中，香港、以色列和新加坡3个国家和地区自认为是发展中成员。

〔2〕截至2011年10月15日，《政府采购协议》的观察员有23个国家，其中有9个国家正在申请加入协议。详见 http://www.wto.org/english/tratop_e/gproc_e/memobs_e.htm#memobs，访问日期：2014年8月25日。

〔3〕详见 http://www.wto.org/english/tratop_e/gproc_e/memobs_e.htm#top，访问日期：2014年8月25日。

〔4〕详见 http://www.wto.org/english/tratop_e/inftec_e/inftec_e.htm，访问日期：2014年8月25日。

的成员加入。成员不断增多表明协议的内容得到越来越多国家和地区的认同，协议的普遍性特点就越来越明显，这最终有利于形成相对统一的多边协议，甚至为世界贸易组织框架下全球性新公约的制定夯实基础。正如有的学者指出，复边主义协议将成为一种新的促因而最终向多边保护过渡。[1]

复边主义之所以成为世界贸易组织部分成员选择的一种规则制定模式，主要有以下几个原因：首先，随着跨境贸易、投资等活动日益增多，发达国家有更加迫切的意愿提高知识产权保护标准，加强保护力度，维持自己的竞争优势；其次，与发展中国家的利益诉求相比，发达国家之间的利益诉求更有共同性，因此，这些世界贸易组织的发达成员间更容易达成符合其共同利益的新协议；再次，一旦新的标准和规则通过复边协议达成，采纳规则的国家和地区会对未加入复边协议的国家和地区形成压力；最后，未加入复边协议的国家和地区和已经加入的国家和地区之间往往有贸易往来，已经加入协议的国家和地区会以加入协议换取贸易为条件迫使未加入的国家和地区加入进来（或称之为“被捆绑加入”）。否则，随着复边协议成员的增多，未加入的国家和地区将陷入被边缘化的危险之中。《反假冒贸易协议》（ACTA）是复边主义的典型例子，其本身就是一个 TRIPS - plus 协定，它包含的内容将在后文详述。采用复边主义模式制定的 TRIPS - plus 条款必将在双边和区域、自由贸易协议中再次出现，以便在全球范围内推高知识产权的保护标准。

所谓知识产权国际保护的复边主义模式是指在世界贸易组织框架下，一部分成员（这些成员往往有共同的利益诉求）就同一

---

〔1〕 Laurence R. Helfer, “Regime Shifting: The TRIPs Agreement and New Dynamics of International Intellectual Property Lawmaking”, Yale J. Int'l L., 29 (2004), p. 1.

知识产权议题制定一些高标准的规则，这些标准（规则）毫无保留地统一适用于选择加入的国家、地区；同时，此等规则可以通过贸易交往强加给未加入协议的国家、地区，或者此等规则理论上可以根据最惠国待遇适用于其他的世界贸易组织成员。虽然知识产权国际保护的复边主义模式也是将贸易和知识产权挂钩，但它有别于双边、多边贸易知识产权保护模式。归纳起来，知识产权国际保护的复边主义模式有如下特征。

第一，知识产权国际保护的复边主义模式议题的单一性。在世界贸易组织框架内多议题谈判必须一揽子采纳的前提下，单一议题比多议题谈判更容易达成共识。比如，《反假冒贸易协议》（ACTA）只涉及知识产权执法问题，而且是针对贸易中的商标和版权侵权的知识产权执法问题。双边、多边贸易知识产权保护模式也都与贸易有关，但往往涉及多个议题，尤其是多边贸易知识产权保护模式，随着成员的不断增加，谈判议题也在不断增多，知识产权保护仅是双边、多边贸易知识产权保护协议中的议题之一。由于双边、多边贸易谈判采用“一揽子”采纳的模式达成协议，这就大大增加了各方就知识产权问题达成协议的难度。

第二，知识产权国际保护的复边主义模式成员的特殊性。《反假冒贸易协议》（ACTA）是发达国家一力促成的。该协议中的成员都是世界贸易组织成员，所以具有双重身份，即同时为两个协议的成员。《反假冒贸易协议》（ACTA）的缔约方共有 11 方计 30 多个成员，它们全部都是世界贸易组织的成员，协议还向其他世界贸易组织成员开放，这为复边主义协议向多边协议过渡奠定了基础。双边、多边贸易知识产权保护协议的成员中有些根本不是世界贸易组织成员，比如欧盟与非洲、加勒比海、太平洋的许多国家谈判的《经济合作协议》（EPA）中就包括了很多未加入世界贸易组织的国家和地区。[1]

第三，知识产权国际保护的复边主义模式成员利益的共同性。知识产权复边协议的缔约方多为发达国家，属于同一利益阶层，其利益诉求相通，有利于快速达成协议，极少陷入谈判僵局。比如《反假冒贸易协议》（ACTA）缔约方多是发达国家且都是知识产权强国。[2]《反假冒贸易协议》（ACTA）从谈判到制定不到3年时间。[3] 但是双边、多边贸易知识产权保护模式的利益阶层多元，涉及发达国家、发展中国家甚至最不发达的国家，即使在世界贸易组织协议框架下多边贸易知识产权保护模式的谈判也很难顺畅进行，因为各世界贸易组织成员利益不同，差异难以调和。

第四，知识产权国际保护的复边主义模式的强加性。TRIPS - plus 造法可以通过贸易往来或者最惠国待遇原则强加给未加入条约的第三国，即其他世界贸易组织成员。这是发达国家极力促进《反假冒贸易协议》（ACTA）的动因。《反假冒贸易协议》（ACTA）的缔约方的贸易总量涵盖世界贸易总量的一半。未参加协议谈判的世界贸易组织成员不可能不与这些国家发生贸易往来，因此协议也可以通过世界贸易组织成员间的贸易往来对协议的第三国产生约束。另外，根据《与贸易有关的知识产权协定》（TRIPS）第4条以及《反假冒贸易协议》（ACTA）第1.1款的规定[4]，理论上《反假冒贸易协议》（ACTA）可以根据最惠国待遇原则强

---

〔1〕 参见 http://www.delbrb.ec.europa.eu/en/irtr/euacp_ overview.htm，访问日期：2014年8月25日。

〔2〕 参见陈福利："《反假冒贸易协议》述评"，载《知识产权》2010年第5期。

〔3〕《反假冒贸易协定》从2008年1月第一轮谈判开始到2010年10月第11轮谈判结束，整个协议的制定时间没有超过3年。

〔4〕《反假冒贸易协议》第1.1款规定：此协议的任何规定不得有损于现存所有协议包括世界贸易组织《与贸易有关的知识产权协议》下一成员国对于另一成员国的义务。

加给所有《与贸易有关的知识产权协定》（TRIPS）的成员。

第三节　知识产权协定的 TRIPS－plus 造法模式

根据条约法的理论，多边主义模式的条约，可以根据条约缔约方的数目，分为有限性多边条约和一般性多边条约。[1] 所谓有限性多边条约意指由数目有限的缔约方参加，其规定旨在处理只与这些缔约方有利害关系的事项的条约，上文所述的区域主义协议和复边主义协议都可以称为此类。一般性多边条约，简称多边条约或集体条约，旨在规定一般国际法则或处理对条约当事各方和其他国家有公共利害关系的事项。因而按其条款或按一个有关文书的规定对任何国家地区或对很多国家地区都开放的条约。《与贸易有关的知识产权协定》（TRIPS）是一个一般性多边条约，在《与贸易有关的知识产权协定》（TRIPS）制定后，相继制定的世界知识产权组织（WIPO）框架下的知识产权多边公约包括：《世界知识产权组织版权条约》（WCT，1996）、《世界知识产权组织表演和录音制品条约》（WPPT，1996）、《工业品外观设计国际注册海牙协定》（1999）、《专利法条约》（2000）、《新加坡商标法条约》（2006），等等。世界知识产权组织（WIPO）框架下的这些知识产权国际条约也都是一般性的多边条约。

一、世界知识产权组织（WIPO）框架下的 TRIPS－plus 造法模式

在《与贸易有关的知识产权协定》（TRIPS）制定时，世界知

〔1〕 李浩培：《条约法概论》，法律出版社 2003 年版，第 31～32 页。

识产权组织为了避免论坛转换（forum shifting）使其失去效用，马上采取了两个措施：其一就是在 1994 年，强调世界知识产权组织国际局就《与贸易有关的知识产权协定》（TRIPS）相关问题为世界知识产权组织成员提供技术支持；其二就是在 1995 年，与世界贸易组织签订合作条约为世界贸易组织成员中的发展中国家提供技术支持，而不论他们是否是世界知识产权组织成员。通过这两项措施，世界知识产权组织在《与贸易有关的知识产权协定》（TRIPS）中找到了适当的结合点〔1〕，从而避免了《与贸易有关的知识产权协定》（TRIPS）生效后世界知识产权组织在知识产权国际保护方面效用的减弱。同时世界知识产权组织为了保住其为知识产权国际保护规则制定的主要论坛位置，它必须证明给美国及其私人集团看它可以更快、更有效地制定符合美国及其私人集团利益的知识产权保护标准。〔2〕世界知识产权组织领域的 TRIPS - plus 造法拉开帷幕，其主要集中在专利和数字领域的发展规划以及技术支持和争端解决中。

（一）专利发展规划

众所周知，在《与贸易有关的知识产权协定》（TRIPS）之前，世界知识产权组织框架下有关专利保护的知识产权条约主要是作为实体法的《巴黎公约》和作为程序法的《专利合作条约》。目前，世界知识产权组织为了满足发达国家构建国际专利保护体系的要求，已经制定了《专利法条约》来补充《专利合作条约》，

〔1〕 Sisule F. Musungu and Graham Dutfield, *Multilateral Agreements and a TRIPS - plus World: The World Intellectual Property Organisation (WIPO)*, Geneva: Quaker United Nations Office; Ottawa: Quaker International Affairs Program, 2003.

〔2〕 Sisule F. Musungu and Graham Dutfield, *Multilateral Agreements and a TRIPS - plus World: The World Intellectual Property Organisation (WIPO)*, Geneva: Quaker United Nations Office; Ottawa: Quaker International Affairs Program, 2003.

《专利法条约》已于 2000 年 6 月 1 日于日内瓦通过，到目前为止共有 30 个成员。[1] 同时，正在谈判的《实体性专利法条约》(Substantive Patent Law Treaty) 将补充《巴黎公约》的规定。《实体性专利法条约》草案对发展中国家来说是 TRIPS－plus 标准，如果此条约通过将破坏 2001 年《TRIPS 与公共健康多哈宣言》所取得的成就。《实体性专利法条约》草案中很多的法律规定有益于拥有垄断利益的跨国集团，为了履行条约规定的义务，发展中国家很难使本国的专利法制定适应当地的经济发展条件，也使得发展中国家在修订法律时无从考虑公共健康和人类生存的其他需求。[2]值得一提的是，发展中国家中目前只有我国表示支持《实体专利法条约》和《巴黎条约》的融合。[3]这可能与我国在世界知识产权组织的专利申请量逐年增加有关，支持这种融合符合我国经济利益发展的需求。

（二）数字领域发展规划

数字领域目前已经生效的条约是《世界知识产权组织版权公约》和《世界知识产权组织表演和录音制品条约》，这两个条约并称为“网络条约”(Internet treaties)。其中《世界知识产权组织版权条约》争议性较大，它给予网络环境下的版权所有者更强的保护，这种保护超越了《与贸易有关的知识产权协定》(TRIPS) 和《伯尔尼公约》的规定。《世界知识产权组织版权条约》的幕后推

---

〔1〕 http://www.wipo.int/treaties/en/ShowResults.jsp? lang = en&treaty_ id = 4，访问日期：2014 年 8 月 25 日。

〔2〕 Sisule F. Musungu and Graham Dutfield, *Multilateral Agreements and a TRIPS－plus World：The World Intellectual Property Organisation (WIPO)*, Geneva：Quaker United Nations Office; Ottawa：Quaker International Affairs Program, 2003.

〔3〕 Sisule F. Musungu and Graham Dutfield, *Multilateral Agreements and a TRIPS－plus World：The World Intellectual Property Organisation (WIPO)*, Geneva：Quaker United Nations Office; Ottawa：Quaker International Affairs Program, 2003.

手正是美国。我国已于2007年批准加入了《世界知识产权组织版权条约》和《世界知识产权组织表演和录音制品条约》，这也与我国互联网的飞速发展息息相关。韩国作为信息时代快速发展的国家，互联网和版权已经成为其经济发展的主要动力，2014年韩国制定了《版权产业法》，把版权作为一个产业，也足见其对网络和版权的重视。

此外，世界知识产权组织的数字领域的发展规划还涉及《数据库知识产权条约》（Treaty on Intellectual Property in Respect of Database）和《视听表演条约》（Audiovisual Performances Treaty）。最初由于美国和欧盟存在意见分歧这两个条约被搁浅，特别是在《视听表演条约》制订过程中，美国和印度作为制作电影的主要国家，在对于从表演者转让给制片人的财产权利的准据法上态度一致，而欧盟和其他一些国家与美国和印度存在分歧。[1]2012年6月，来自154个世界知识产权组织成员国和49个国际组织的代表，经过长达7天的紧张讨论、积极磋商，通过资格审查、条款修改等一系列建设性工作，于6月26日在北京成功签署了《视听表演北京条约》。《视听表演北京条约》是关于表演者权利保护的多边国际条约，该条约赋予了电影等作品的表演者依法享有许可或禁止他人使用其在表演作品时的形象、动作、声音等一系列表演活动的权利。此后，词曲作者和歌手等声音表演者享有的复制、发行等权利，电影演员等视听作品的表演者也将享有。《视听表演北京条约》是TRIPS－plus造法的又一体现，比如：在《与贸易有关的知识产权协定》（TRIPS）中没有信息网络传播权的规定；在1996年《世界知识产权组织表演和录音制品条约》中，只针

〔1〕 Sisule F. Musungu and Graham Dutfield, *Multilateral Agreements and a TRIPS－plus World：The World Intellectual Property Organisation（WIPO）*, Geneva：Quaker United Nations Office；Ottawa：Quaker International Affairs Program, 2003.

对录音制品上的表演者权，但如果有人把表演录成 DVD 放到网上传播，该行为并没有被规定为侵犯了信息网络传播权，此次《视听表演北京条约》如果生效，这种行为就侵犯了表演者的信息网络传播权。

（三）技术支持

《与贸易有关的知识产权协定》（TRIPS）第 67 条规定了“技术支持”，发达国家应发展中国家和最不发达国家的请求，按双方合意为其提供技术和资金支持。此技术支持包括制定法律和设立国内机构包括人员培训。如上文所述，世界知识产权组织为了保住其作为知识产权国际条约制定谈判的论坛位置，为世界贸易组织成员中的发展中国家提供技术支持而不论他们是否是世界知识产权组织成员。其实，世界知识产权组织因其所辖各类知识产权国际公约就有 20 多个，本身具有提供技术支持的丰富经验，而且这 20 多个知识产权国际公约每个都需要不同的方式实施，这就需要为发展中国家提供技术支持。世界知识产权组织有个专门机构“合作发展部”专职负责技术支持，其目的在于帮助世界上的所有发展中国家建立或使其知识产权体系现代化。此外，1998 年建立的世界知识产权组织世界范围学会也主要从事知识产权的教育、培训、建议和研究的技术支持。有学者认为，世界知识产权组织国际局提供的避免发展中国家卷入世界贸易组织争端解决机制的技术支持，本身就是一种 TRIPS - plus 造法。[1]

（四）争端解决

2002 年世界知识产权组织仲裁和调解中心出台了《世界知识产权组织调解规则》、《世界知识产权组织仲裁规则》、《世界知识产权

---

[1] Peter Drahos, “Developing Countries and International Intellectual Property Standing Setting”, *IPR Commission Study Paper*, 8 (2002), p. 22.

组织加急仲裁规则》和《世界知识产权组织专家决定规则》。[1]其中《世界知识产权组织调解规则》规定调解是一种非正式程序，一个中间人作为调解员，调解员帮助当事人达成合意解决争端；《世界知识产权组织仲裁规则》中的仲裁是一个有法律约束力的程序，将争端提交给一或两个仲裁员，由他们就争端做出最终决定；《世界知识产权组织加急仲裁规则》中的加急仲裁之所以是快速高效的争议解决方式，是因为其是花费更少时间和金钱的仲裁；《世界知识产权组织专家决定规则》中的专家决定，是指当事人之间的技术、科学或商业争议提交给一个或多个专家做出决定的程序，决定对当事人具有约束力，除非当事人有其他约定。可见，世界知识产权组织提供了不同于世界贸易组织争端解决机制的争端解决办法，这些争端解决办法更加快速高效，而且直接针对自然人或跨国公司。这些争端解决办法的决定有法律约束力，所以有很大发展前景。

综上，在新兴科技领域，已经出现发达国家和发展中国家利益融合的现象，比如中国支持《实体性专利法条约》、印度支持《视听表演条约》。

二、区域知识产权协定中 TRIPS - plus 造法模式

在一些有共同利益的区域组织内也有一些专门的知识产权协定，这些知识产权协定所规定的内容可能是《与贸易有关的知识产权协定》（TRIPS）从未涉及的，但是这些协定的制定可能为将来《与贸易有关的知识产权协定》（TRIPS）包含这些内容做了铺垫。比如，2010 年 8 月 9 日在纳米比亚的斯瓦科普蒙德，非洲区

---

〔1〕 WIPO Arbitration and Mediation Center, *WIPO Arbitration, Mediation and Expert Determination Rules and Clauses*, WIPO, 2009, January.

域知识产权组织（ARIPO）[1]制定《保护传统知识及民间文学艺术作品的斯瓦科普蒙德议定书》建立必要的共同服务或组织，促进影响成员方的知识产权活动的合作、和谐和发展，以保护传统知识和民间文学艺术作品。此区域知识产权协定包括初步条款、传统知识保护、民间文学艺术作品的保护和一般条款4个部分。协定对传统知识和民间文学艺术作品进行了深入分析，确认其内在价值及其对社会多样性和人类社会的贡献，体现在：①确信传统知识体系、传统文化和民间文学是持续创新、创造和独特智力创造生活的多元框架，有益于地方和传统群体，乃至全人类。②注意到需要尊重传统知识体系、传统文化和民间文学，以及传统和地方群体的名誉、文化完整性和智力、精神价值观。③需要承认并回报这些群体在如下领域所做的贡献：保持环境、食品安全、可持续农业、改善人口健康、科技进步、保存保护文化遗产、发展艺术技能，以及增加文化内涵和艺术表达的多样性。④关注传统知识和民间文学艺术作品的逐渐消失、销蚀，以及对传统知识和民间文学艺术作品的滥用、非法利用和盗用。⑤认识到保护必须反映出需要在发展、保护和维持传统知识和民间文学艺术作品的人和使用此类知识和民间文学艺术作品并从中获益的人之间维持权利和利益的公正平衡。⑥期望鼓励并回报源自传统知识体系和民间文学艺术作品的原创和创新，期望推动创新、创造和技术转移，实现社会和传统知识和民间文学艺术作品的持有人和使用者的共同利益。[2]

---

〔1〕 非洲区域知识产权组织即 African Regional Intellectual Property Organization，简称 ARIPO。

〔2〕 Swakopmund Protocol on the Protection of Traditional Knowledge and Expression of Folklore, Preamable.

在我国，对于民间文学艺术作品的著作权保护，学界还存在不同的观点。有的学者认为应该保护民间文学艺术作品，有的学者认为过多的保护可能会削弱民间文学艺术的生命力，但《中华人民共和国著作权法》早已经把民间文学艺术作品列入保护范围，只是一直缺乏具体内容和操作细则。《保护传统知识及民间文学艺术作品的斯瓦科普蒙德议定书》确定了传统知识权利人〔1〕、保护期限〔2〕、使用许可〔3〕、利益分享〔4〕的具体条款，还规定了民间文学艺术作品的保护标准〔5〕、形式要求〔6〕、受益人〔7〕、保护期限〔8〕等具体内容，使得传统知识和民间文学艺术作品的保护具有可操作性。此外还规定了救济措施〔9〕、生效日期〔10〕、保

---

〔1〕 Swakopmund Protocol on the Protection of Traditional Knowledge and Expression of Folklore, Section 7 Rights conferred to holders of traditional knowledge.

〔2〕 Swakopmund Protocol on the Protection of Traditional Knowledge and Expression of Folklore, Section 13 Duration of protection of traditional knowledge.

〔3〕 Swakopmund Protocol on the Protection of Traditional Knowledge and Expression of Folklore, Section 8 Assignment and licensing, Section 12 Compulsory license.

〔4〕 Swakopmund Protocol on the Protection of Traditional Knowledge and Expression of Folklore, Section 9 Equitable benefit - sharing.

〔5〕 Swakopmund Protocol on the Protection of Traditional Knowledge and Expression of Folklore, Section 16 Protection criteria for expression of folklore.

〔6〕 Swakopmund Protocol on the Protection of Traditional Knowledge and Expression of Folklore, Section 17 Fromalities relating to protection of expression of folklore.

〔7〕 Swakopmund Protocol on the Protection of Traditional Knowledge and Expression of Folklore, Section 18 Beneficiaries of protection of expression of folklore.

〔8〕 Swakopmund Protocol on the Protection of Traditional Knowledge and Expression of Folklore, Section 21 Duration of protection of expression of folklore.

〔9〕 Swakopmund Protocol on the Protection of Traditional Knowledge and Expression of Folklore, Section 23 Sanction, remedies and enforcement.

〔10〕 Swakopmund Protocol on the Protection of Traditional Knowledge and Expression of Folklore, Section 27 Entry into force.

留[1]和退出[2]等程序性规定。上述这些规定使得传统知识、传统文化、民间文学艺术的传播、保护、许可使用、利益分享有据可依。《保护传统知识及民间文学艺术作品的斯瓦科普蒙德议定书》是在后 TRIPS 时代制定的《与贸易有关知识产权协定》(TRIPS) 所没有涉及的具体细节内容，是发展中国家利用知识产权制度保护本地区优势资源的一次有益尝试，体现了非洲区域知识产权组织保护地区利益的智慧，丰富了 TRIPS - plus 造法的形式。这种 TRIPS - plus 造法方式值得发展中国家研究、推广、运用，以保护本国或地区利益。

第四节　其他 TRIPS - plus 造法模式

《与贸易有关的知识产权协定》(TRIPS) 制定后，1999 年在西雅图部长级会议上，没有成功地发起世界贸易组织新一轮的谈判，发展中国家不满发达国家的不公正的贸易及知识产权制度，从而一直采取联合不合作的政策对抗这种不利于发展中国家的贸易和知识产权制度的发展。此后，"南北 (发展中国家和发达国家)"便寻求真正有诚意的妥协，在多哈部长级会议上的决议便是发展中国家和发达国家较量的体现。早在 2001 年 11 月 9 日至 14 日，世界贸易组织在卡塔尔首都多哈的第四次部长级会议上，就通过了《多哈部长宣言》，列举了一系列多边贸易谈判议题，其中与知识产权保护有关的议题有 3 个：TRIPS 与公共健康关系；地理

〔1〕 Swakopmund Protocol on the Protection of Traditional Knowledge and Expression of Folklore, Section 28 Reservations.

〔2〕 Swakopmund Protocol on the Protection of Traditional Knowledge and Expression of Folklore, Section 31 Denunciation of the Protocol.

标志；TRIPS 与《生物多样性公约》、传统知识和民间文学保护。[1]尽管目前多哈会谈前途未卜，但毕竟开了一个好头，而且《多哈部长宣言》中的有关议题将真正合法地进入多边国际协调的法律机制。

一、TRIPS 与公共健康

《与贸易有关的知识产权协定》（TRIPS）为占有药品专利绝对多数的发达国家的跨国制药公司规定了合法的垄断权利。虽然《与贸易有关的知识产权协定》（TRIPS）第 8 条规定“可采取必要措施，以保护公共健康和发展”，但并没有具体化可以以怎样的措施保护公共健康的规定。2001 年 11 月，在发展中国家的积极推动下，在世界贸易组织第四次部长级会议上通过的《TRIPS 与公共健康多哈宣言》（后简称《多哈宣言》）规定世界贸易组织成员可采用强制许可的方式生产药品以维护公共健康。但是根据《与贸易有关的知识产权协定》（TRIPS）第 31（f）款规定，采用强制许可的方式生产的药品仅能在国内市场供应。所以发展中国家只能自产自用替代性药品，而不可以进出口通过强制许可的方式生产的替代性药品。至此，《多哈宣言》确实为发达国家制药公司增加了一些《与贸易有关的知识产权协定》（TRIPS）以外的义务，但是它严格限定销售区域的做法，使得不具备药品生产能力的国家的公共健康问题仍无法解决。2003 年，《关于实施多哈宣言第 6 条的执行决议》（后简称《执行决议》）最终允许不具备药品生产力的国家可以进口其他成员方通过强制许可而生产的替代性药品。2005 年，世界贸易组织各成员一致通过《修改 TRIPS 的议定书》，

---

〔1〕 WT/MIN（01）/DEC/1，http://www.wto.org/english/thewto_e/minist_e/min01_e/mindecl_e.html，访问日期：2014 年 8 月 25 日。

它的内容包括：在《与贸易有关的知识产权协定》（TRIPS）第31条后增加第31条之2，以免除成员基于第31（f）和（h）款所承担的部分义务，即不得出口强制许可生产的替代性药品；在《与贸易有关的知识产权协定》（TRIPS）第73条之后增加附件，此附件对第31条之2的内容和相关概念作了具体规定，并规定了第31条之2的使用条件，还规定了进口经强制许可生产的替代性药的国家的评估方法和程序。2007年5月，美国决定从其签订的自由贸易协议中去除公共健康条款，以便更好地支持发展中国家的公共健康需要和更全面地遵守《多哈宣言》的规定。[1]但遗憾的是，在2009年12月21日，《修改TRIPS的议定书》决定接受的期限延长至2011年12月31日。[2]到目前为止，还没有任何关于议定书是否被世界贸易组织成员2/3多数接受的消息。

TRIPS与公共健康问题的解决是发展中国家通过不懈的努力所取得的成就，这也体现了世界贸易组织总的宗旨和目标，即推动全球贸易与投资的发展，以提高人类总体福利水平。可见，世界贸易组织不排斥社会利益。[3]当发展中国家意识到《与贸易有关的知识产权协定》（TRIPS）片面强调发达国家的利益时，积极利用现有规则与发达国家展开博弈，先通过《多哈宣言》和《执行决议》给发达国家增加了超过《与贸易有关的知识产权协定》（TRIPS）义务，即TRIPS - plus标准，最后推动《与贸易有关的知识产权协定》（TRIPS）的修改，虽然对《与贸易有关的知识产

---

〔1〕 Susan K. Sell, "TRIPS Was Never Enough: Vertical Forum Shifting, FTAS, ACTA and TPP", 18 *J. Intel. Prop. L.* 447, Spring, 2011.

〔2〕 WT/L/785，详见 http://wto.org/english/tratop _ e/trips _ e/pharmpatent _ e.htm，访问日期：2014年8月23日。

〔3〕 吴汉东、郭寿康主编：《知识产权制度国际化问题研究》，北京大学出版社2011年版，第302页。

权协定》（TRIPS）的修改现在还未生效，但这标志着发展中国家的 TRIPS - plus 造法有了稳定的后续发展。

二、TRIPS 与传统知识和民间艺术的保护

知识产权保护是现代技术发展的产物，因此，《与贸易有关的知识产权协定》（TRIPS）的制定主要植根于对现代技术的保护。这也造成它的规定中缺乏对传统知识和民间艺术保护的关注。这就使得一些掌握现代技术的企业或个人从传统知识中提取一些文化或技术因素，就可以创作出《与贸易有关的知识产权协定》（TRIPS）保护的知识产权产品。在这些企业或个人获得高额利润的同时，为之提供传统知识的社群却没有得到任何回报，致使知识产权制度的正义性受到质疑。根据《与贸易有关的知识产权协定》（TRIPS）第 7 条的规定，知识产权的保护和执法应有助于社会和经济福利的增长及权利和义务的平衡，所以应当给予传统知识和民间艺术保护。自 2001 年多哈会谈以来，相关利益的世界贸易组织各成员除向《与贸易有关的知识产权协定》（TRIPS）理事会提交表达其意见的文本外，没有举行任何实质性的谈判。但传统知识产权保护在各个层面展开：在国家层面，各国纷纷开始以不同方式保护传统知识，其中欧盟、澳大利亚、韩国等国家运用现有知识产权制度为传统知识提供积极的保护；巴西、秘鲁、葡萄牙等国建立了专门的知识产权保护制度。[1]在地区层面，主要是有共同文化背景的区域也制定了传统知识的专门区域协定，比如上文提到的，2010 年 8 月 9 日在纳米比亚的斯瓦科普蒙德，非洲区域知识产权组织（ARIPO）外交会议通过了《保护传统知识

---

〔1〕 WIPO, *Composite Study on the Protection of Traditional Knowledge*, WIPO/GRTKF/IC/5/8, Geneva, 2003, pp. 31 ~ 32.

及民间文学艺术作品的斯瓦科普蒙德议定书》。此议定书共有 31 条，规定了传统知识和民间文学艺术的保护。在国际层面，主要是世界知识产权组织制定的一些条约，比如 2001 年 11 月通过的《粮食和农业植物遗传资源国际条约》第 9.2 款第 1 项规定了保护传统知识的措施。2009 年 8 月，世界知识产权组织的知识产权与传统知识、遗传资源和民间艺术政府间委员会形成了《传统知识的保护：政策目标和核心原则（草案）》。目前，国际社会正努力根据此草案形成有约束力的法律文件。

三、TRIPS 与遗传资源的保护

《与贸易有关的知识产权协定》（TRIPS）制定的过程中根本没有涉及对生物资源的保护，全世界 80% 的生物资源都在发展中国家。《与贸易有关的知识产权协定》（TRIPS）第 27 条规定授予微生物以专利，并明确要求保护生产动物的非生物方法及微生物方法，以及保护植物品种。方法专利只保护方法本身或者因方法制造的产品，这不排斥别人依据不同方法生产同种产品，但是基因工程技术方案相对简单，基因专利申请人的目的不只在于方法专利，而是在于垄断基因本身。《与贸易有关的知识产权协定》（TRIPS）中规定的专利对生物技术给予保护，诱发了发达国家的生物技术公司对发展中国家的遗传资源的“生物海盗”行为。基因资源是生物遗传资源的核心。基因遗传资源的稀缺性和唯一性使其有了垄断的经济价值。基因遗传资源的独特性和多样性构成了生物的独特性和多样性。1992 年 6 月 5 日，在巴西里约热内卢签署的《生物多样性公约》（Convention on Biological Diversity, CBD）包括了许多有利于发展中国家利益的条款，从而得到发展中国家支持。虽然《生物多样性公约》的制定时间早于《与贸易有关的知识产权协定》（TRIPS），但世界贸易组织框架下的《与贸易有关的知识产权协定》（TRIPS）却对其只字未提。可见发达国家对生物多样性保护的排斥和对其微生物技术的偏向性重视。目前，《生物多样性公约》的成员已有 193 个。〔1〕至此，国际上在处理基因遗传资源知识产权利用方面形成了与《与贸易有关的知识产权协定》（TRIPS）体系相对应的生物多样性公约体系。〔2〕《生物多样性公约》成为 TRIPS 以后在基因遗传资源知识产权利用领域的准据性法律文件。〔3〕以该公约为基础，2003 年生效的《卡塔赫纳生物安全议定书》在生物多样性安全防范机制、资源知情同意和维护生物多样性协调利用方面对《生物多样性公约》进行了补充。〔4〕2010 年，在日本名古屋，各成员接受了《获取基因资源和公平合理分享其生物多样性利用收益的名古屋议定书》。此议定书的目的在于公平合理分享基因资源利用所产生的利益，包括考虑到基因资源和技术上的所有权利，要适当获取基因资源和适当转让相关技术，为了保护生物多样性和其组成部分的可持续性利用建立适当的基金 。〔5〕2001 年，世界贸易组织多哈会谈也体现出对于《生物多样性公约》的重视，特别要求世界贸易组织部长级会议审查其与《与贸易有关的知识产权协定》（TRIPS）的关系，并要求《与贸易有关的知识产权协定》（TRIPS）的实施以鼓励科技创新和利益分享为原则，同时考虑发展的问题〔6〕。《与贸易有

〔1〕参见 http://www.cbd.int/convention/parties/list/，访问日期：2014 年 8 月 25 日。

〔2〕吴汉东、郭寿康主编：《知识产权制度国际化问题研究》，北京大学出版社 2011 年版，第 311 页。

〔3〕吴汉东、郭寿康主编：《知识产权制度国际化问题研究》，北京大学出版社 2011 年版，第 312 页。

〔4〕参见 http://bch.cbd.int/protocol/text/，访问日期：2014 年 8 月 25 日。

〔5〕参见 http://www.cbd.int/abs/，访问日期：2014 年 8 月 25 日。

〔6〕WT/MIN（01）/DEC/1，http://www.wto.org/english/thewto_e/minist_e/min01_e/mindecl_e.html，访问日期：2014 年 8 月 25 日。

关的知识产权协定》（TRIPS）已将《生物多样性公约》列为观察员。虽然美国一直极力反对《生物多样性公约》，同时欧盟等发达国家对该公约的实施也还存在不同的解释，但这丝毫不能阻挡《生物多样性公约》与《与贸易有关的知识产权协定》（TRIPS）在未来相互的协调。其主要原因有二：其一，《生物多样性公约》明确规定公约的实施不得影响任何现有国际协定下的权利和义务，这当然的包括了《与贸易有关的知识产权协定》（TRIPS）等现存的所有知识产权协定；其二，《多哈宣言》将公共健康和基因遗传资源保护议题纳入世界贸易组织保护议题。这也表明保护基因遗传资源是多个国家的利益诉求。所以，TRIPS 与遗传资源的保护必将逐渐在《与贸易有关的知识产权协定》（TRIPS）的修订中体现，就像 TRIPS 与公共健康一样在《与贸易有关的知识产权协定》（TRIPS）框架下发展为发达国家制定的其该承担的 TRIPS - plus 义务。

第五节　小结

在研究 TRIPS - plus 的造法模式的过程中，从造法模式的选择上就可以发现，发达国家比发展中国家采用的 TRIPS - plus 的造法模式更加灵活多变。主要表现为：有与发展中国家一样的知识产权协定的 TRIPS - plus 的造法模式；也有发达国家惯用的单边、双边和区域主义模式；还有新兴的复边主义模式，此造法模式的未来发展趋势和发展结果值得关注。此外，投资协定中关于知识产权的最高保护标准和通过对投资和投资者的保护产生的 TRIPS - plus 造法也很重要，这可能改变知识产权国际保护的原则和争端解决等问题。相对而言，发展中国家不仅 TRIPS - plus 的造法模式简单，而且在造法中谈判能力也较弱。

在贸易协议的 TRIPS－plus 造法模式上，几乎是发达国家掌握了绝对的话语权，发展中国家只能被动接受各种逐渐严苛的知识产权保护标准。特别是复边主义 TRIPS－plus 造法模式对所有未加入协议的国家造成胁迫。美国主导的贸易协议在条款、整体框架和知识产权保护水平上更加细化并具有综合性。欧盟与发展中国家签订的贸易协议是更加概括的而不针对具体问题。

在知识产权协定的 TRIPS－plus 造法模式上，在世界知识产权组织框架下的 TRIPS－plus 造法主要体现在新技术领域，比如在表演者权、专利和数字领域，对发展中国家的技术支持和仲裁的争端解决机制。而且，在某些领域已经出现发达国家和发展中国家利益融合的现象，比如中国支持《实体性专利法条约》、印度支持《视听表演北京条约》。在区域知识产权协定的 TRIPS－plus 造法模式主要集中于有共同利益的区域组织内造法活动，比如非洲区域知识产权组织。

在其他的 TRIPS－plus 造法模式上，则主要是发展中国家的谈判舞台，它通过把“TRIPS 与……问题”结合的 TRIPS－plus 造法模式，来挑战发达国家提倡的向知识产权权利人一边倒的 TRIPS－plus 造法。这是发展中国家的有益尝试，而且其中的“TRIPS 与公共健康”的解决，使得发展中国家 TRIPS－plus 造法有了稳定的后续发展，即对《与贸易有关的知识产权协定》（TRIPS）的修改。

发达国家的 TRIPS－plus 造法模式的目的始终唯一，即推高知识产权保护标准并最终在全世界范围内建立统一的知识产权国际保护标准。在这个过程中发展中国家的利益不断被边缘化。但随着发展中国家、国际组织和一些非政府组织开始强调公共健康、生物多样性、文化多样性、人权等问题是人类社会的公共问题，发达国家知识产权的扩张倍受质疑，发展中国家的利益诉求才得到支持，这也为知识产权国际规则的制定走向公正合理打下了基础。此外，无论发达国家还是发展中国家都运用专门知识产权协定的模式来制定 TRIPS－plus 法律。发达国家追求的 TRIPS－plus 标准往往是严苛的向知识产权所有人“一边倒”的知识产权保护标准。发展中国家推行的 TRIPS－plus 标准往往是有利于人类社会共同发展的知识产权保护标准。世界贸易组织不排斥社会利益，当发展中国家意识到《与贸易有关的知识产权协定》（TRIPS）片面强调发达国家的利益时，应积极利用现有规则与发达国家展开博弈。

第三章

各国利益在 TRIPS - plus 造法中的体现

第一节 概述

知识产权客体具有消费上的非竞争性与非排他性，这意味着其自身无法解决未付费者的“搭便车”问题。[1]高新技术产品的研发费用很高，且多由发达国家的大型跨国公司所拥有。所以发达国家担心一旦其高新技术产品进入知识产权保护水平相对较低的国家，就要面临被假冒和盗版的风险且发展中国家缺乏有力的知识产权制度为其专利产品提供保护。随着科学技术的发展，高

〔1〕 吴汉东、郭寿康主编：《知识产权制度国际化问题研究》，北京大学出版社 2011 年版，第 17 页。

成本研发和低成本复制的矛盾日益突出，发达国家为了确保自己的利益便开始 TRIPS - plus 造法以提高知识产权的保护标准。知识产权本身是授予其权利所有人对其发明的价格和数量的专有权。发达国家强调高标准的知识产权保护，它们认为高标准的知识产权保护不仅使得发展中国家在未来的发展建设中需要吸引技术投资，而且也能帮助发展中国家走上高科技的道路并使其变得更加具有创新精神。可是发达国家在推高知识产权保护标准的过程中，由于各国关心的利益不同，最终所采用的路径也不完全一样。以美国和欧盟为代表，美国的 TRIPS - plus 造法较为激进，想放弃《与贸易有关的知识产权协定》（TRIPS），而欧盟的 TRIPS - plus 造法比较温和，支持与现有的知识产权国际公约保持一致。然而，在知识产权执法的 TRIPS - plus 造法上，美国和欧盟表现为惊人的一致，都要求高标准强有力的保护。值得注意的一点是，在 TRIPS - plus 造法的整个过程中，并不存在泾渭分明的利益团体，在某个问题上发达国家之间是利益共同体，比如知识产权执法问题；但在某个问题上发达国家和发展中国家也可能成为利益共同体，比如在电影的保护上，美国和印度两大电影出口国就有相同的利益，再比如，在地理标志的保护上，欧盟和中国等历史悠久的国家就有共同利益。所以在 TRIPS - plus “高标准”知识产权保护的造法过程中，主要是以惯用 TRIPS - plus 造法模式的美国和欧盟为主导，虽然时有发展中国家的加入，但也只是作为美国或者欧盟的利益同盟出现。由于美国在 TRIPS - plus 造法中较强势，所以与之签订贸易协定的发达国家或发展中国家多半采纳了美国国内所推行的知识产权保护标准。由于欧盟的 TRIPS - plus 造法较为温和，有些时候欧盟也会采纳签订贸易协定的相对缔约方的一些利益诉求。发达国家的 TRIPS - plus 造法的利益诉求主要体现在知识产权保护范围、知识产权保护期限、知识产权执行和争端解决等问题上。

本章共包括 6 小节，主要从微观层面具体阐释 TRIPS－plus 造法的具体法律规定，特别是各国在不同的国家利益上的取舍。它包括：第一节概括介绍了各国利益在 TRIPS－plus 造法中的体现；第二节主要分析了知识产权保护范围的 TRIPS－plus 造法，包括版权及其相关权利客体的扩大，商标客体的扩大，地理标志保护范围的扩大和专利保护范围的扩大等；第三节研究了知识产权保护期限 TRIPS－plus 造法，包括版权及其相关权利、商标和专利保护期限的延长，还分析了各国 TRIPS－plus 造法将过渡期安排的时间减短；第四节分析研究了知识产权执行的 TRIPS－plus 造法，这是发达国家唯一达成一致的 TRIPS－plus 造法领域；第五节介绍了其他知识产权利益的 TRIPS－plus 造法，包括强制许可和平行进口两方面；最后一节是对本章的小结。

第二节　知识产权保护范围的 TRIPS－plus 造法

TRIPS－plus 造法在扩大知识产权的保护客体方面主要采取两种方式：一方面，限制发展中国家在《与贸易有关的知识产权协定》（TRIPS）中的选择知识产权保护客体的权利；另一方面，在《与贸易有关的知识产权协定》（TRIPS）之外增加新的知识产权保护客体的范围。

一、版权及其相关权利

在版权保护范围方面，TRIPS－plus 条款对版权的客体——作品的保护要求是“所有临时或永久的复制品必须得到保护”，[1]因

〔1〕 U. S. －Jordan FTA，§4.10.

此作者享有对临时复制的著作财产权。具体细化到版权保护的权利类型上，主要在复制权、向公众传播的权利和发行权上有相关的 TRIPS - plus 造法。此外还涉及：在数字环境下有关技术保护措施和权利信息管理的权利与义务和政府软件的正版化〔1〕的问题。目前，我国启动的第三次著作权法修订，应该考虑应对数字环境下，有关技术保护措施和权利信息管理的权利与义务，以及政府软件的正版化的问题。

（一）复制权

TRIPS - plus 赋予版权人阻止其作品以任何方式被复制的权利。《与贸易有关的知识产权协定》（TRIPS）规定各成员应遵守《伯尔尼公约》。《伯尔尼公约》第 9.1 款规定："受本公约保护的文学艺术作品的作者，享有授权以任何方式和采取任何形式复制这些作品的权利。"《世界知识产权组织版权条约》作为一个包含 TRIPS - plus 知识产权保护标准的公约，其第 1 条第（4）款的注释指明《伯尔尼公约》第 9 条规定的复制权，同样适用于数字环境，尤其是以数字形式使用作品的情况。换言之，在电子媒体中以数字形式存储受保护的版权作品，也构成复制。但是无论在《与贸易有关的知识产权协定》（TRIPS）还是在《世界知识产权组织版权条约》中都没有规定临时复制（temporary copies），仅美国曾在签订的双边贸易协定中规定"以电子形式存在的临时复制属于复制权"。〔2〕美国的立法只为临时复制规定极少的限制和例外情形，比如维护机器或者维修电脑所生成的复制件和在缓冲过程中生成的小量复制件。后来，在美国签订的多个双边贸易协定

---

〔1〕 司晓、汪涌："网络发行的新趋势与版权保护的再思考"，载《电子知识产权》2011 年第 9 期。

〔2〕 US - Chile FTA，§17.5.1.

中都没有包含任何临时复制保护的例外情形[1]，比如美国 - 摩洛哥自由贸易协定、美国 - 澳大利亚自由贸易协定、美国 - 约旦自由贸易协定，等等。至此，美国主导的 TRIPS - plus 知识产权保护标准几乎对所有的临时复制都要进行保护，这样就扩大了《与贸易有关的知识产权协定》（TRIPS）确定的复制权的保护范围。2001 年，欧盟《信息社会版权指令》第 2 条规定，作者有权禁止的复制包括间接或直接复制和临时复制或永久复制。但对于各种复制，此指令还规定了一系列的限制和例外，[2]比如，为了教学目的复制、为了帮助残疾人阅读的复制和为了宗教的目的的复制，等等。可见，在复制权上，美国对任何形式的复制都要追究法律责任，美国采纳的“偏执的”TRIPS - plus 保护标准会阻碍社会正常发展的需要；而欧盟虽然扩大了要保护的复制的范围，但同时也规定了较多的对于复制的合理使用。欧盟的法律规定应该更能适应社会的发展需求。无论美国还是欧盟的立法，在立法技术上都是采用“较大范围的定义 + 例外和限制”，这种立法技术有利于对知识产权权利人的保护，而且也有利于这些立法国根据本国社会经济发展的需要而随时调整或取消“权利的限制和例外”，以便推行较高的知识产权保护标准。

（二）向公众传播的权利

TRIPS - plus 的规定使得几乎所有作品都有向公众传播的权利。《与贸易有关的知识产权协定》（TRIPS）和《伯尔尼公约》一致规定了录音制品向公众传播除了需要录音制品表演者授权外，

---

〔1〕 参见 http://www.ustr.gov/trade - agreements/free - trade - agreements，访问日期：2014 年 8 月 25 日。

〔2〕 Directive 2001/29/EC，§5.

还需要原作品作者授权。[1]《世界知识产权组织版权条约》第8条规定:“文学和艺术作品的作者享有专有权,已授权将其作品以有线或者无线的方式向公众传播,包括将其作品向公众提供,使公众在其个人选定的地点和时间可获得这些作品。”这将向公众传播权利的作品范围扩大到几乎所有的作品,超越了《与贸易有关的知识产权协定》(TRIPS)的规定。美国在签订双边贸易协定时也采纳了《世界知识产权组织版权条约》的规定,任何种类的作品作者都有向公众传播的权利,但是唯独没有涉及私人的传播,比如电子邮件中包含版权作品的情况。[2]不限制私人传播可以说是美国对向公众传播的权利做了限制,但此限制基本上没有改变美国扩大向公众传播权利的作品范围的诉求。欧盟在对外签订含有 TRIPS - plus 知识产权保护标准的协定时,往往强调与现存知识产权国际条约保持一致。对于版权的保护,它要求缔约方遵从《世界知识产权组织版权条约》和《世界知识产权组织表演和录音制品条约》规定的义务。[3]换言之,欧盟支持将向公众传播的权利扩大到几乎所有作品的规定。《视听表演北京条约》也将向公众传播的权利由录音制品扩大到了视听录制品,[4]可见表演者的权益越来越受到重视。因中国具有悠久的历史文化,各种曲艺节目表演方式呈多样化,丰富着人类社会的文化形式,北京才有幸成为此条约的外交会议的地点,并极力促成了该条约的签订。

---

〔1〕《与贸易有关的知识产权协定》第14条和《保护文学艺术作品伯尔尼公约》第14条。

〔2〕 US - Chile FTA, §17.5.2.

〔3〕 E. T Biadgleng, J. C. Maur, *The Influence of Preferential Trade Agreements on the Implementation of Intellectual Property Rights in Developing Countries: A First Look*, UNCTAD - ICTSD Project on IPRs and Sustainable Development, 2011.

〔4〕《视听表演北京条约》第11条。

（三）发行权

《与贸易有关的知识产权协定》（TRIPS）中并没有规定文学艺术作品首次销售后的权利用尽条款。发行权的权利用尽其实是对发行权的限制。《世界知识产权组织版权条约》第 6.2 款规定其成员可以规定权利用尽，并有确定权利用尽的条件的自由——多大地域范围内可以适用权利用尽由各成员自行决定。根据《世界知识产权组织版权条约》规定的灵活性，发达国家多主张国内权利用尽，而发展中国家多主张国际权利用尽。美国签订的 TRIPS - plus 采用了一条折中路线，既不采用国内权利用尽，也不采用国际权利用尽，而是采用区域权利用尽。[1] 对于首次销售权利用尽是否适用于数字复印件，美国在其国内制定《数字千年版权法案》（DMCA）时曾有过广泛的讨论，但是在其签订的 TRIPS - plus 标准中还没有这样的规定，它只允许可以以有形形式固定的作品享有首次销售权利用尽。[2] 可见美国对具体权利的限制上是具体细致的，而且是限定在一个极其小的范围内，限定条件明晰无歧义且便于执行。目前，正值我国《著作权法》第三次修订之际，有学者就认为，网络发行不需要成本，而且比传统发行方式更便捷和高效，所以我国的著作权法应顺应目前以网络传播为核心的商业模式变化，以便更好地促进先进传播技术的发展。[3] 许多网络平台也在无偿利用我国作者的作品，比如苹果产品对于中国的作品在未取得授权下的传播都有害于我国作者的利益。发行权的国内权利用尽更符合我国的利益诉求，这样有利于保证我国作者的作品在国外不被擅自发行。

---

〔1〕 Industry Functional Advisory Committee (IFAC) - Chile Report, See IFAC - 2 - Chile, p. 11 ~ 12.

〔2〕 US - Chile FTA, § 17. 5. 3.

〔3〕 李琛："论我国著作权立法的新思路"，载《中国版权》2011 年第 5 期。

此外，无论美国还是欧盟在签订贸易投资协定时，一般都要求相对缔约方批准加入《世界知识产权组织版权条约》和《世界知识产权组织表演和录音制品条约》，比如美国 - 秘鲁自由贸易协定和欧盟 - 秘鲁/哥伦比亚自由贸易协定都包括相同的条款。[1]与美国相比，欧盟始终坚持多边主义造法模式，它要求签订贸易协定的缔约方，加入并保证足够有效的履行知识产权国际条约中所规定的义务。欧盟还要求与其签订贸易协定的缔约方在 2009 年 1 月前加入《罗马条约》。

二、商标

各国在商标领域的 TRIPS - plus 造法主要体现在商标的保护范围、注册条件、商标许可和驰名商标的保护上。

（一）商标的保护范围

TRIPS - plus 条款对于商标保护标准的提高主要体现在：扩大商标的注册范围，细化商标的保护类型。首先，规定标识的"视觉感知"不是必要的商标注册条件。《与贸易有关的知识产权协定》(TRIPS) 第 15 条规定："各成员可要求，作为注册条件，标识应为视觉上可感知的。"现行 TRIPS - plus 造法中规定成为商标的标识的视觉感知不是必要条件，因此由声音和气味组成的标识也可以成为商标并注册。[2]其次，商标保护类型细化。TRIPS - plus 造法中包括的商标类型有：服务商标、集体商标、证明商标，等等。而且在美国签订的双边贸易协定中声音商标是法律规定商标应当包括的类型之一，气味商标是法律规定商标可以包括的类型之

---

〔1〕 E. T Biadgleng, J. C. Maur, *The Influence of Preferential Trade Agreements on the Implementation of Intellectual Property Rights in Developing Countries: A First Look*, UNCTAD - ICTSD Project on IPRs and Sustainable Development, 2011.

〔2〕 U. S. - Korea FTA, § 18. 2 (1); U. S. - Singapore FTA, § 16. 2. 1.

一。[1]现行《中华人民共和国商标法》也认可了声音可以注册为商标。最后，还强调特别是美国签订的各种贸易协定对于地理标识的保护赋予与商标保护同样的待遇。[2]欧盟签订的贸易投资协议一般直接强调应加入哪些国际条约，比如《商标国际注册马德里协定有关议定书》和《商标法新加坡条约》等。但欧盟更不支持给予地理标志商标保护的主张，而希望单列地理标志，并对地理标志重点保护。

（二）商标使用和许可

《与贸易有关的知识产权协定》（TRIPS）第 20 条规定，在贸易过程中使用商标不得受特殊要求的无理妨碍。这条规定主要来源于，在《与贸易有关的知识产权协定》（TRIPS）制定前，一些发展中国家希望减少药品商标的显著性，比如，巴西曾要求药品商标应小于所含成分的字样，淡化商标强调成分符合发展中国家生产替代性药物的利益需求。《与贸易有关的知识产权协定》（TRIPS）制定时没有采纳这种提议。美国签订贸易协定时的 TRIPS - plus 标准，强调并细化了强制使用的通用名称的任何措施，不能损害在此类产品上使用商标的有效性，[3]以防止巴西通过 TRIPS - plus 造法实现其在《与贸易有关的知识产权协定》（TRIPS）制定中未能实现的诉求。

《与贸易有关的知识产权协定》（TRIPS）第 21 条只规定各成员可对商标的转让和许可确定条件。这条规定的目的在于不允许商标的强制许可，但对于商标许可是否需要登记没有涉及。美国在其 TRIPS - plus 的造法过程中强调禁止商标许可需经登记才能生

〔1〕 US - Chile FTA，§17.2.1.

〔2〕 U.S. - Korea/Jordan FTA §4.6，§4.7.

〔3〕 US - Chile FTA，§17.2.3.

效。[1]其中的“商标许可登记”与否，是《与贸易有关的知识产权协定》（TRIPS）只字未提的事项，更别提禁止商标许可的公示效力问题。美国的做法直接排除了与其缔约国给商标许可附加条件（比如登记），从而限制了商标的许可。商标许可一经发生，立即生效。这样可以简化商标许可的程序，使得商标许可更便捷。值得注意，美国在商标的使用和许可上所采用的 TRIPS - plus 造法与以往有别，不再是无限地推高知识产权保护标准，而是设定一些“禁止标准”，也即 TRIPS - plus 造法制定了一些不得超过此标准的最高标准。这些标准排除了相关缔约国给美国附加知识产权保护义务的可能性。

（三）驰名商标

关于驰名商标，除了将其保护范围从货物扩大到货物或服务外，《与贸易有关的知识产权协定》（TRIPS）和《巴黎公约》的规定基本保持一致。[2]关于驰名商标的 TRIPS - plus 法律却包括了许多超越《与贸易有关的知识产权协定》（TRIPS）规定的措施。首先，关于驰名商标的认定。《与贸易有关的知识产权协定》（TRIPS）第 16.2 款第二句规定，确定一个商标是否驰名时，各成员应考虑相关部门公众对该商标的了解程度，包括因促销而获得的了解程度。美国签订的 TRIPS - plus 标准进一步澄清了成员不得要求处理相关货物或服务领域之外的公众了解此驰名商标。[3] TRIPS - plus 标准将公众对驰名商标的了解程度限定在相关领域之内，这样较小范围的限制更容易得到驰名商标的认定。其次，驰名商标适用的范围扩大。美国签订的 TRIPS - plus 标准规定，根据

---

〔1〕 美国和澳大利亚、约旦、摩洛哥、新加坡的贸易协定中都包含这一条。

〔2〕《与贸易有关的知识产权协定》第 16.3 款和《保护工业产权巴黎公约》第 6.2 款。

〔3〕 US - Chile FTA，§17.1.8.

成员各国法律，在可能引起混淆、错误、欺骗或可能将注册商标和驰名商标联系或不正当利用驰名商标的情况下，可以规定采取适当的措施，禁止或取消与驰名商标相近或者相似的商标的注册。[1]最后，美国签订的 TRIPS - plus 标准还要求成员加入 1999 年的《驰名商标保护的联合建议》，比如美国 - 新加坡自由贸易协定就包括了《驰名商标保护的联合建议》中的若干条款。[2]欧盟对于驰名商标的规定只要求缔约方加入 1999 年的《驰名商标保护的联合建议》。

此外，在商标注册时，商品或服务是否相似或不相似主要取决于分类，所以欧盟在与智利签订自由贸易协定时，就要求智利加入《商标注册用商品和服务国际分类尼斯协定》(简称《尼斯协定》)，智利在当时就承诺于 2007 年加入。欧盟通过要求缔约方加入《尼斯协定》，从而固化了商标的分类，这使得商标的注册更具操作性，同时对商标的侵权的判断也更加容易。

在商标上，欧盟还只要求与其签订贸易协议的缔约方加入知识产权国际条约；但在地理标志保护上欧盟有自己的主张。

三、地理标志

地理标志是世界贸易组织多哈会谈的重要议题之一。目前，世界上比较著名的地理标志包括意大利利帕尔马火腿、法国波尔多红酒、苏格兰威士忌，等等。我国比较著名的地理标志有信阳毛尖、景德镇瓷器、镇江香醋等。所以在地理标志保护的问题上更多的是具有悠久历史文化的地方所关心的，比如欧盟、中国和一些非洲国家。发达国家中美国和欧盟划分为两大阵营：防守方

---

〔1〕 US - Chile FTA , § 17. 2. 7.

〔2〕 U. S. - Singapore FTA, § 16. 1. 2 (b).

和推动方。《与贸易有关的知识产权协定》(TRIPS) 第三节共3 个条款规定了地理标志的保护,明确了地理标志是和版权、商标、专利并列的知识产权,但没有更多详细的规定。美国不希望过多保护地理标志,因为这不符合其国家利益,所以它的 TRIPS - plus 造法规定可以把地理标志作为商标保护。除去上面的叙述,美国和欧盟在地理标志多边体系所涵盖的范围、地理标志的可注册标识的范围、地理标志的保护方式和地理标志的保护待遇上还存在差异。

(一) 地理标志多边体系所涵盖的范围

关于地理标志多边体系所涵盖的范围,《与贸易有关的知识产权协定》(TRIPS) 规定给予地理标志相对较弱的保护,对于葡萄酒和烈酒给予相对较强的保护。以美国为首的谈判方坚持地理标志多边体系只包括葡萄酒和烈酒的地理标志而不包括其他的地理标志,而以欧盟为首的谈判方支持应涵盖所有的地理标志产品。在地理标志的保护范围上, 《与贸易有关的知识产权协定》(TRIPS) 规定只限于货物而不包括服务。但是在美国 - 智利自由贸易协定中地理标识的保护范围扩大到服务,因为美国的全球化服务比较发达,比如互联网服务。以欧盟为首的谈判方遵从《与贸易有关的知识产权协定》(TRIPS) 的规定,地理标志仅限于货物不涉及服务,以避免给自己附加太多的义务。

(二) 地理标志的可注册标识的范围

关于可注册为地理标志的标识,《与贸易有关的知识产权协定》(TRIPS) 只规定为成员领土内一个地区或地方的标识,并没有具体规定什么样的标识可以注册地理标志。[1] 美国签订的 TRIPS - plus 标准中规定构成地理标志的标识可以是任何形式的标

[1] 《与贸易有关的知识产权协定》第 22 条。

识或标识的组合。[1]这一规定必会和商标的可注册标识产生混淆，这主要还是美国坚持地理标志和商标一样保护的理念，这也变相推行其国内法所规定的声音和气味可以注册商标。欧盟坚持给予地理标志单独的保护，所以其 TRIPS - plus 造法没有涉及可注册标识的范围这一点。地理标志本来就是拘囿于一定的地理方位和条件，所产生的特色货物的标识，离开所处的地方就不再是地理标志所涵盖的范围。欧盟的做法是为地理标志正本清源，而美国存在"混淆视听"的嫌疑。

（三）地理标志的保护方式

关于地理标志的保护方式，可以分为地理标志的申请主体和保护方式。在地理标志的申请主体上，由于不同国家地理标志的持有人不同，可能是自然人或法人，也可能是国家，更多的申请主体可以更加有效地促成地理标志的申请，所以欧盟在签订贸易协定时规定自然人、法人、国家或国家的代理机构都可以申请地理标志。美国在地理标志的申请人上纳入国家或国家的代理机构是其在 TRIPS - plus 造法上做的一些妥协。在地理标志的保护方式上，《与贸易有关的知识产权协定》（TRIPS）第 22.2 款规定各成员应向有利害关系方提供法律手段保护地理标志。但是并没有具体化以何种法律手段保护。欧盟多采用专门法保护。美国和加拿大等国家多采用证明商标、集体商标来保护。我国的地理标志保护通过商标法和行政机关颁布的专门行政法规来保护。

（四）地理标志的保护待遇

关于地理标志的保护待遇，按说应该适用《与贸易有关的知识产权协定》（TRIPS）规定的国民待遇标准，即使是给予发展中国家和最不发达国家的过渡期安排最多也只是 5 年和 10 年。但是

---

〔1〕 US - Chile FTA ，§17.4.1.

发展中国家要求特殊和差别待遇，即发展中国家 10 年的过渡期安排，最不发达国家 20 年的过渡期安排，同时发展中国家和最不发达国家还可以要求豁免地理标志注册费用。美国则不同意给予特殊和差别待遇。[1]欧盟多要求在具体的时间之前制定地理标志保护的相关法律。对于我国来说，地理标志保护的时间越单一越确定越有利，一方面中国应该不同意较长期限的过渡期安排，另一方面与别国签订相关协定时应该尽量确定制定地理标志保护的时间。

（五）葡萄酒和烈酒的地理标志的保护

此外，对于葡萄酒和烈酒的地理标志的保护，《与贸易有关的知识产权协定》（TRIPS）只规定建立关于葡萄酒地理标志通知和注册的多边制度。美国 TRIPS - plus 造法规定使得此规定具体化，比如简化地理标志保护和注册的形式[2]和实行国民待遇。在多哈会谈中，欧盟作为地理标志谈判的主要推动方主张强保护，就要求将葡萄酒地理标志通知和注册的多边制度谈判扩大到烈酒，即为葡萄酒和烈酒地理标志通知和注册的多边制度谈判。然而美国、日本、加拿大和智利等国家主张建立一个自愿参与的法律效力很弱的地理标志多边注册体系。

综上，在地理标志的保护上是发达国家分歧最大的地方，而且美国也一改往日推行强保护的态度，变得比较温和，而且极力主张用商标保护来保护地理标志并反对建立一套专门制度保护地理标志，这样可以有效地妨碍地理标志的 TRIPS - plus 标准的产生，还将现有的模糊的或者是宽泛的《与贸易有关的知识产权协定》（TRIPS）中的规定尽量具体细化，以排除日后这些条款适用时的多样解释的不确定性。但是欧洲在地理标志的保护上坚持强

〔1〕 US - Chile FTA §3.15.

〔2〕 US - Chile FTA §17.4.5.

保护，因为其拥有很多著名的地理标志产品。基于相同的原因我国也应该慎重考虑地理标志的保护问题。

四、专利

发达国家在专利方面的 TRIPS - plus 造法主要集中在：扩大专利的保护范围、限制专利的撤销和增加新的专利保护客体。美国在专利的 TRIPS - plus 造法中继续保持强势，因为大多数美国跨国公司都拥有大量的专利技术，欧盟在这方面则相对比较沉默。

（一）扩大专利的保护范围

发达国家限制发展中国家在《与贸易有关的知识产权协定》（TRIPS）第 27 条 3（b）中的选择知识产权客体的权利，比如要求发展中国家对于微生物形式予以专利保护。《与贸易有关的知识产权协定》（TRIPS）第 27.3 条允许成员方将植物新品种排除在专利保护的范围之外，但是各成员应通过专利或有效的特殊制度或通过这两者的组合来保护植物新品种。《与贸易有关的知识产权协定》（TRIPS）并未对此类特殊制度的具体细节、保护方式做任何要求，也没有界定植物新品种的概念，这就为各成员保护植物新品种提供了较大的自主自由空间。一直以来，美国试图限制《与贸易有关的知识产权协定》（TRIPS）关于植物新品种保护的灵活性，它不断强调所有技术领域的发明都应得到有效和足够的保护，又由于其国内生物技术利益集团意愿以其巨大的技术优势在全球范围内获得更多利润，所以在这些私人集团的推动下，美国主张将生物体纳入专利保护的范畴。比如，美国的双边贸易协议中就规定缔约方不得排除植物、动物及生产动植物的生物学方法等领域的可授予专利性，[1]扩大了专利的保护范围，同时增加了其他

---

〔1〕 U. S. - Singapore FTA，§ 16. 7（1）.

缔约方承担比《与贸易有关的知识产权协定》（TRIPS）规定多的义务。

（二）限制专利的撤销

《与贸易有关的知识产权协定》（TRIPS）第 32 条规定可以撤销专利，撤销专利时需进行司法审查。美国的双边贸易协议中限制撤销专利，并禁止在专利申请授权前提出异议。[1]限制专利撤销的直接结果就是专利权的滥用。取消专利申请前的异议程序的直接结果是：授予专利后再提异议，通常耗时长、费用高，消费者在此期间还需要支付昂贵的价格购买专利产品。而且取消专利申请前的异议程序可以缩短专利的授予所需的时间。美国通过这种安排表面上没有违背《与贸易有关的知识产权协定》（TRIPS）规定的“专利撤销时的司法审查”义务，但其限制在专利申请授权前提异议，将专利撤销异议放在授予专利后，这一制度安排有效地保证了美国企业的利益。

（三）增加新的专利保护客体

增加了新的专利保护客体。药品和化学实验数据专有权是医药知识产权制度制订中讨论最多的话题。药品和化学实验数据专有权是寻求对专利注册文件的保护，这些数据主要包含在医药公司为了获得新药的市场准入向有关当局递交的申请资料中。其中的有关当局，是指像美国食品药品管理局（FDA）和欧洲医药评估机构（EMEA）一样的行政管理机构。药品和化学实验数据专有权的支持者认为实验数据专有权是医药专利保护不可分割的部分，然而反对者认为药品和化学实验数据专有权是专利保护的扩张。药品和化学实验数据专有权保护又成了发达国家和发展中国家争议的焦点所在。美国在其双边、区域贸易协议中规定药品和化学

---

〔1〕 U. S. - Singapore FTA, §16.7 (4).

实验数据专有权的保护。欧盟在其双边、区域贸易协议中不谈药品和化学实验数据专有权的保护，但在实践中采用严格的行政审查为药品和化学实验数据专有权提供比美国更高的保护。这和世界上有影响的、大的医药公司基本都在美国和欧盟有很大关系。所以无论美国还是欧盟都希望保护药品和化学实验数据，但保护的手段有所不同，美国是在立法中规定药品和化学实验数据的专有权给予类似专利权的保护，欧盟则是在行政审批程序上通过实施严格的行政审查提供更多的保护。

此外，在《实体性专利法条约》的制定过程中，欧盟和美国就专利申请遵循先申请原则还是先发明原则产生分歧。[1]而且《实体性专利法条约》本身被认为是反对《多哈宣言》的专利保护条约。虽然美国支持《实体性专利法条约》，但是2007年5月美国国会决定将公共健康条款从双边贸易协议中移除，为的是支持发展中国家的公共健康需要，更是为了全面遵守《多哈宣言》，[2]这是美国在 TRIPS - plus 造法中的一次妥协。

五、其他知识产权客体

在上述《与贸易有关的知识产权协定》（TRIPS）规定的传统的知识产权保护客体之外，还有一些新的知识产权利益，比如域名保护和卫星信号保护。

（一）域名保护

在现实社会中，两个人可以申请或使用同样的名称或商标来

---

〔1〕 Sisule F. Musungu and Graham Dutfield, *Multilateral Agreements and a TRIPS - plus World* : *The World Intellectual Property Organisation* (*WIPO*), Geneva: Quaker United Nations Office; Ottawa: Quaker International Affairs Program, 2003.

〔2〕 Susan K. Sell, "TRIPS Was Never Enough: Vertical Forum Shifting, FTAS, ACTA and TPP", 18 *J. Intel. Prop. L.* 447, *Spring*, 2011, p. 449.

区分完全不同的货物或服务，但是在互联网领域，每个域名都是唯一的，不可能出现两个同样的域名。域名的唯一性使得域名的转让费用极高，所以这就促使一部分人申请多个域名，域名中包含商标。日后将这些含有商标的域名以高价卖给商标权所有人，这就构成了域名抢注。在《与贸易有关的知识产权协定》（TRIPS）制定时，互联网还没有普及，所以《与贸易有关的知识产权协定》（TRIPS）也未涉及这部分内容。目前，如果发生域名争端，域名的保护主要是 1999 年《统一域名争端解决政策》和各国的域名争端解决政策。所以美国尽量将域名保护纳入到其签订的贸易协议中，并作为知识产权保护的一部分。[1]

（二）卫星信号保护

关于卫星信号的保护，《与贸易有关的知识产权协定》（TRIPS）没有规定。但美国在签订自由贸易协定时，多要求其他缔约方先加入《关于播送由人造卫星传播载有节目的信号的公约》。[2]这个公约我国尚未加入。《关于播送由人造卫星传播载有节目的信号的公约》的产生是因为使用人造卫星播送载有节目的信号正在急剧增长，为了维护卫星系统的正常使用和保护作者、演员、唱片制作者和广播组织的利益。虽然这个公约在 1974 年签订，但美国在其签订自由贸易协定时要求缔约方加入公约，本身是给缔约方增加义务。此外，美国还约定了加密节目的刑事保护。[3]欧盟签订的贸易投资协议中一般不包括相关规定。

〔1〕 US - Chile FTA，§17.3.1.

〔2〕 US - Chile FTA，§17.1.3（c）.

〔3〕 U.S. - Singapore FTA，§16.6；US - Australia FTA，§17.7；US - CAFTA，§15.8，etc.

第三节 知识产权保护期限的 TRIPS - plus 造法

人的时间性决定了权利的时间性，权利的时间性说明，权利是人与人之间的法律承认，而不是人的刻意创设。[1] TRIPS - plus 造法在知识产权保护期限上主要体现在两个方面：一是延长现有《与贸易有关的知识产权协定》（TRIPS）规定的各项知识产权的期限；二是缩短发展中国家适用《与贸易有关的知识产权协定》（TRIPS）规定的过渡期。

一、版权及其相关权利

由于美国国内法不区分版权与其相关权利，所以在作品的保护期限上基本是采取相同的保护期限，在美国签订的含有 TRIPS - plus 标准的协议中，美国也在推行其国内立法。欧盟区分著作权和领接权，所以对不同的作品给予不同的保护期限，但在某些特殊的作品上比如录音制品，由于利益集团的推动，欧盟也开始采纳较长期限的保护，在一般作品的保护期限上欧盟还是恪守知识产权国际条约的规定。

（一）一般作品

版权的保护期限是基于自然人的生命周期。《伯尔尼公约》规定一般作品的保护期限为“作者有生之年及死后 50 年，对于电影作品、不具名作品和假名作品自公之于众 50 年内有效。”[2]《与贸易有关的知识产权协定》（TRIPS）规定非自然人作品的保护期

---

〔1〕 熊赖虎：“权利的时间性”，载《现代法学》2011 年第 5 期。

〔2〕《保护文学艺术作品伯尔尼公约》第 7.1，7.2 和 7.3 款。

限不得少于 50 年。[1] 美国国会在 1998 年通过了《版权期限延长法案》（Copyright Term Extension Act），将版权的保护期限从“作者有生之年及死后 50 年”延长到“作者有生之年及死后 70 年”，对于匿名作品、假名作品和雇佣作品给予“自发表之日起 95 年或者自创作之日起 120 年”的保护。至此，美国对其所有作品的版权期限都延长了“20 年”，这超越了《伯尔尼公约》、《与贸易有关的知识产权协定》（TRIPS）和《世界知识产权组织版权条约》规定的版权保护期限。2003 年，在 Eldred 诉 Ashcroft 案[2]中，最高法院认为美国的《版权期限延长法案》符合美国宪法规定的“一定期限”[3]的要求。此后，美国在与其他国家签订双边、区域或多边知识产权保护条约时，便将这一延长“20 年”的版权期限推向其他国家。[4]目前，一些拉丁美洲国家也延长了著作权的保护期限，比如墨西哥版权保护期限是“作者有生之年及死后 75 年”；巴西、厄瓜多尔和秘鲁则直接采纳“作者有生之年及死后 70 年”。而欧盟仍然遵循《与贸易有关的知识产权协定》（TRIPS）的规定，其一般作品版权保护期限仍是“作者有生之年及死后 50 年”。

（二）摄影作品

《伯尔尼公约》规定摄影作品和作为艺术作品保护的实用艺术作品的保护期限不应少于自作品完成之日起的 25 年。[5] 对于摄影作品或实用艺术作品，《与贸易有关的知识产权协定》（TRIPS）

[1] 《与贸易有关的知识产权协定》第 10 条。

[2] 537 U. S. 186 * 258；123 S. Ct. 769，* * 809；154 L. Ed. 683，* * * 736；2003 U. S. LEXIS 751.

[3] U. S. CONST. art. I，§ 8，cl. 8 规定：“为了促进科学和实用技术的进步，国会有权赋予作者和发明者对其各自的文字作品和发明享有一定期限的专有权。”

[4] U. S. - Morocco FTA，§ 15. 5. 3（a）.

[5] 《保护文学艺术作品伯尔尼公约》第 7. 4 款。

与《伯尔尼公约》保持一致。[1]《世界知识产权组织版权条约》第 9 条规定“对于摄影作品，缔约方不得适用《伯尔尼公约》第 7.4 款的规定”，《世界知识产权组织版权条约》也没有规定摄影作品的保护期限。根据美国法的规定，摄影作品的保护期限应该是“作者有生之年加死后 70 年”。所以美国签订的 TRIPS－plus 造法自然采纳其国内法律的规定。这导致和美国签订协议的国家面临着摄影作品期限大幅延长而需承担更多义务。

（三）录音制品

对于录音制品，属于邻接权的范畴，《罗马条约》规定的录音制品保护期限是 20 年。[2]《与贸易有关的知识产权协定》（TRIPS）和《世界知识产权组织表演和录音制品条约》都规定了“自固定[3]或录制完 50 年期满为止”[4]的保护期限。在美国，录音作品和音像制品这本应属于邻接权的客体却被认为是一般的版权客体[5]，根据其《版权期限延长法案》的规定，一般采纳“作者有生之年及其死后 70 年”的保护；如果是匿名作品、假名作品和雇佣作品则采纳“自发表之日起 95 年或者自创作之日起 120 年”的保护。所以美国录音制品的保护期限也远远长于国际公约所规定的义务。2011 年 9 月 12 日，欧盟也通过了将表演者权利和录音制品保护期限从现有的 50 年保护延长至 70 年的规定。[6]

---

〔1〕《与贸易有关的知识产权协定》第 10 条。

〔2〕《保护表演者、录音制品制作者和广播组织的国际公约》第 14 条。

〔3〕《与贸易有关的知识产权协定》第 14.5 款。

〔4〕《世界知识产权组织表演和录音制品条约》第 17 条。

〔5〕孙新强译：《美国版权法》第 102 条，载《十二国著作权法》翻译组译：《十二国著作权法》，清华大学出版社 2011 年版，第 723 页。录音录像制品在我国著作权法中属于邻接权范畴，所以规定了特定的保护期限，即“自作品首次创作完成后第 50 年的 12 月 31 日”。

〔6〕参见 http://www.musiclawupdates.com/? p=790，访问日期：2014 年 8 月 25 日。

《视听表演北京条约》给予表演者的保护期限为自表演录制之年年中算起，至少持续到50年期满为止。[1]

二、专利

延长专利的保护期限。《与贸易有关的知识产权协定》（TRIPS）第33条规定“可获得的专利保护期不得在自申请之日起计算的20年期满前结束”。美国双边或区域贸易协议中的TRIPS - plus造法多规定在两种情形下延长专利的保护期限。这两种情形是：有关当局应当延长专利的保护期以弥补在授予专利时有不合理的延误[2]和对于专利药品应当延长专利的保护期以弥补专利权人因市场准入批准程序造成的不合理的对专利保护期的缩减。[3]按照专利的保护期限的TRIPS - plus规定，任何一个国家专利局在授予专利的过程中耗时过长，或者药品管理局在确定药品质量、安全和效果上耗时太久，均需给予专利权人延长的保护期限以弥补专利权人应等待而丧失的经济利益。其实，对于因授予专利和审查专利造成的延误应给予专利权人弥补，最早是在1981年《美国药品价格竞争和专利期限恢复法案》（也称为Hatch - Waxman法案）中规定的。[4]延长专利的保护期限一直是拥有生物技术的大型跨国公司的利益诉求，其有利于这些私人集团垄断的利益，但是对社会普通公众不利，因为这意味着社会公众要支付更多钱购买在专利保护期限内的药品。此外，在某些双边、区域贸易协议中规定了超过《与贸易有关的知识产权协定》（TRIPS）规定的20年专利期限的自动延长专利期限的保护。美国学者指出这不仅仅是TRIPS - plus

[1] 《视听表演北京条约》第14条。

[2] U. S. - Singapore FTA，§16.7（7）.

[3] U. S. - Singapore FTA，§16.8.4（a）.

[4] 35 U. S. C，§156.

条款，同时超越了美国法律的规定，可谓是“美国 - plus”。[1]同时《国际植物新品种保护公约》（UPOV）中规定树木和藤本植物的保护期限不得少于 25 年。最后，确定新设专利的保护期限。实验数据专有权的保护期限不确定，美国规定 5 年，欧盟规定 10 年。欧盟在其签订的贸易协定中也规定工业设计的保护年限从最低 10 年延长到 15 年。

此外，《与贸易有关的知识产权协定》（TRIPS）第 18 条规定的商标的保护期限不得少于 7 年。商标注册可以无限续展。在美国签订的贸易协定中多规定商标的保护期限为 10 年。

三、过渡期安排

根据《维也纳条约法公约》第 30 条“就同一事项先后签订几个条约的适用”的规定，当先订条约和后订条约的当事国重合时，先订条约未终止或暂停施行时，规定不同的适用后订条约。无论是美国还是欧盟，在与单个世界贸易组织成员签订贸易投资协议时都可能实质性改变《与贸易有关的知识产权协定》（TRIPS）的过渡期安排。尤其是世界贸易组织为发展中国家和最不发达国家规定的特殊和差别待遇。因为在他们与美国或欧盟签订贸易投资协议之前，由于过渡期安排他们还不用履行《与贸易有关的知识产权协定》（TRIPS）规定的义务。甚至贸易协定的另一缔约方中还有一些最不发达国家尚未加入世界贸易组织，根本不必履行《与贸易有关的知识产权协定》（TRIPS）规定的义务。但是当这些国家与美国或欧盟签订贸易投资协议后，他们要马上开始履行贸易投资协议中所规定的知识产权保护的义务，这些知识产权保护

---

〔1〕 Susan K. Sell, “TRIPS Was Never Enough: Vertical Forum Shifting, FTAS, ACTA and TPP”, 18 *J. Intel. Prop. L.* 447, Spring, 2011, p. 449.

的义务往往高于《与贸易有关的知识产权协定》（TRIPS）规定的义务。所以从效果上说，这相当于实质性地改变了《与贸易有关的知识产权协定》（TRIPS）中的过渡期安排。比如，美国－约旦自由贸易协定中有一个专门条款规定过渡期安排，[1]它规定了缔约方加入各种国际公约（WCT，WPPT，UPOV）的期限，缩短了发展中国家享有的过渡期，规定协议生效时缔约方要履行协议规定的义务。

第四节　知识产权执法和争端解决的 TRIPS－plus 造法

强化知识产权保护措施主要通过加大行政处罚及实施刑事处罚的手段打击假冒盗版等侵权行为。TRIPS－plus 条款多要求对侵权人处以足够的罚款，以及在权利人没有提出请求的情况下给予刑事制裁。[2]在这一点上，欧盟也一改往日的温和作风和美国一道要求强有力的知识产权执行措施。《与贸易有关的知识产权协定》（TRIPS）中争端解决方式主要是：针对世界贸易组织成员提出磋商——专家组报告——世界贸易组织争端解决机构上诉机构建议。

一、知识产权执行

美国和欧盟的 TRIPS－plus 造法在知识产权的执行方面保持惊人的一致，主要体现在知识产权执行的一般义务、民事和行政程序救济、临时措施、边境措施、刑事程序和措施、网络服务提供

〔1〕 U. S. －Jordan FTA，§4. 29.

〔2〕 U. S. －Jordan FTA ，§4. 26.

者责任的限制上。

（一）一般义务

关于知识产权执行的一般义务。TRIPS - plus 造法包括：比《与贸易有关的知识产权协定》（TRIPS）严苛的规定和《与贸易有关的知识产权协定》（TRIPS）没有的规定。比《与贸易有关的知识产权协定》（TRIPS）严苛的规定有：《与贸易有关的知识产权协定》（TRIPS）第 41.3 款规定对于案件的是非曲直的裁决最好采用书面形式并说明理由。但是 TRIPS - plus 造法没有要求裁决最好采用书面形式。《与贸易有关的知识产权协定》（TRIPS）不包括的规定有：成员为了改善知识产权执行可以收集信息，而且这些信息必须得公之于众。[1]将收集的信息未经裁判即公之于众会给涉嫌侵犯知识产权企业造成困惑，甚至会影响这些企业的信誉度。

（二）民事和行政程序救济

《与贸易有关的知识产权协定》（TRIPS）第 42 条规定各成员应使权利持有人获得涵盖任何知识产权的民事司法救济程序，但“任何知识产权”并不包括技术保障措施，因为技术保障措施被解释为作者为行使其权利而使用的措施。美国 TRIPS - plus 造法中将技术保护措施和管理信息权与其他知识产权权利并列纳入民事司法保护范畴。[2]

对于赔偿费，《与贸易有关的知识产权协定》（TRIPS）规定只要求有充分理由知道自己从事侵权活动的侵权人，才承担赔偿费。但在 TRIPS - plus 造法中没有强调侵权人明知故犯，这样使得承担赔偿费的侵权人范围扩大了，包括过失侵权人和不知情的侵权人。此外，TRIPS - plus 造法还规定了假冒商标和盗版的先行赔付制度。

---

〔1〕 US - Chile FTA ，§17. 11. 14.

〔2〕 US - Chile FTA ，§17. 11. 7.

（三）临时措施

《与贸易有关的知识产权协定》（TRIPS）第 50.3 款规定司法机关采取临时措施前，有权要求申请人提供足以保护被告和防止滥用的保证金或相当担保。TRIPS－plus 造法进一步细化了保证金和相当担保不能成为请求行使临时措施的阻碍。这体现了 TRIPS－plus 造法注重保护知识产权权利持有人的理念。TRIPS－plus 造法还进一步规定为了实行临时措施可以指定专家，指定专家的费用应当合理或给予标准费用，并且不能成为请求行使临时措施的阻碍。《与贸易有关的知识产权协定》（TRIPS）中根本没有类似规定。

（四）边境措施

《与贸易有关的知识产权协定》（TRIPS）中的边境措施所规定的依职权行为仅针对进口的假冒商标或盗版产品，对于出口的和转运中的货物的边境措施是任意行为。TRIPS－plus 造法却规定依职权执行的边境措施可以针对进口、出口和转口的货物，执法范围直接扩大，以增大对侵权的打击力度。

（五）刑事程序和措施

TRIPS－plus 造法对于《与贸易有关的知识产权协定》（TRIPS）规定“具有商业规模的蓄意假冒商标或盗版案件”扩大了其范围：在“具有商业规模”上，它忽视了《与贸易有关的知识产权协定》（TRIPS）数量上的要求，而改为强调“商业利益和经济收益”，这可能是考虑到网络盗版的存在，同时淡化了商业规模的数量要求而是转而强调经济利益；“蓄意的盗版案件”包括通过电子方式传播和复制的复制件，从而把计算机软件、音乐和录影都包括在内了。

（六）网络服务提供者责任的限制

美国签订的贸易协定中多包涵网络服务提供者责任的限制这项内容，有的是协议的条款，有的作为协议附件。此规定主要是来源于美国版权法案第 512 条规定的"在线资料的责任限制"。《数字千年版权法案》的此条规定在美国国内也备受争议，因其可能侵犯使用者的隐私权，它允许权利持有人可以请求任何区法院法官给网络服务提供者签发一张传票以确定被指控的侵权人。

二、知识产权争端解决

在知识产权国际保护中纳入争端解决，是《与贸易有关的知识产权协定》（TRIPS）不同于其他知识产权国际保护规则的重点之一，这使得以前需要通过外交途径解决的问题，可以通过向世界贸易组织争端解决机构提请磋商，上诉由争端解决机构提出建议和规则，直至争端成员间的相互报复。《与贸易有关的知识产权协定》（TRIPS）规定："任何规定均不得要求各成员披露会妨碍执法或违背公共利益或损害特定公私企业合法商业利益的机密信息"。[1] 美国的 TRIPS－plus 造法多强调更多的透明度，因为世界贸易组织争端解决机构的建议会对社会产生重大影响，而且世界贸易组织成员越来越多，越来越多的政府或者其公民需要了解这些建议。

第五节　其他 TRIPS－plus 造法

一、强制许可

强制许可是一种防止知识产权滥用而保证公众需要的机制，包括版权强制许可和专利强制许可。

---

〔1〕《与贸易有关的知识产权协定》第 63.4 款。

（一）版权强制许可

版权的强制许可，是指第三人有使用作品的正当理由，以合理条件与正常途径无法取得著作权人的许可，依照法定程序请求司法或行政部门颁布强制许可令，第三人在强制许可允许的范围内使用作品并向著作权人支付报酬的制度。《伯尔尼公约》为发展中国家设置了强制许可制度，但由于限制严苛，迄今为止没有任何发展中国家可以援用此种优惠。[1]《与贸易有关的知识产权协定》（TRIPS）继受了几乎所有《伯尔尼公约》的规定，所以《与贸易有关的知识产权协定》（TRIPS）也应该规定了版权的强制许可。但是在 TRIPS - plus 造法中，发达国家对此只字未提，他们通过这种处理剥夺了《与贸易有关的知识产权协定》（TRIPS）为发展中国家规定的利益，也即取消了发达国家版权使用的限制，给发达国家增加了义务。

（二）专利强制许可

专利强制许可是指为了维护公共利益或者限制专利权人滥用权利的行为，法律允许在一定条件下强制性地许可第三人实施专利，不必征得专利权人的同意，但依据强制许可实施专利的第三人应当向专利权人支付适当的报酬的制度。[2]《与贸易有关的知识产权协定》（TRIPS）第 31 条允许成员方在拒绝交易时，国家出现紧急状态或者极端紧急的情况时和公共非商业性使用的情况下授予强制许可。《与贸易有关的知识产权协定》（TRIPS）中的强制许可被视为平衡知识产权保护和处理发达国家与发展中国家技术鸿沟的制度。但《与贸易有关的知识产权协定》（TRIPS）中的强制许可规定并没有细化什么情况下可以授予强制许可。《多哈宣

〔1〕 李琛：《知识产权法关键词》，法律出版社 2005 年版，第 207 页。

〔2〕 李琛：《知识产权法关键词》，法律出版社 2005 年版，第 211 页。

言》澄清：任何国家有权授予强制许可，而且有决定在什么情况下授予强制许可的自由，还有权决定什么样的情况是国家出现紧急状态或极端紧急的情况。可见《多哈宣言》给予世界贸易组织成员很大的自主权。《坎昆宣言》为了无限制使用强制许可，特别强调第 31（f）款中规定任何强制许可的授权主要为供应授权此许可的成员国内市场。这使得《多哈宣言》中强制许可使用的范围变小。

二、平行进口

所谓平行进口是指未经知识产权人许可，将知识产权人自己或授权他人在国外投放市场的产品，进口到知识产权人或独占许可人所在的国家，这种进口行为即平行进口。[1] 平行进口既是一个国际贸易问题，也是一个知识产权问题。它体现了贸易自由化和知识产权保护之间的冲突和协调。知识产权产品的平行进口为进口商带来了可观的差额利润，然而进口国的知识产权权利持有人的利益会因此而受到侵害。知识产权权利人对知识产权享有独占性的权利是知识产权制度的本质属性，它激励知识产权人的创新。但是知识产权的独占性应有必要的限度，否则会影响大众对知识产权产品的合理需求。平行进口正是针对知识产权产品的进口。

（一）版权平行进口

对于版权平行进口的问题《伯尔尼公约》和《与贸易有关的知识产权协定》（TRIPS）都未涉及，也没有提出可行的解决方法。《世界知识产权组织版权条约》第 6 条虽然涉及了权利用尽的问题，但是规定交由各成员自由决定。所有版权保护的国际条约中

---

〔1〕 李琛：《知识产权法关键词》，法律出版社 2005 年版，第 224 页。

只有《保护录音制品制作者防止未经许可复制其录音制品公约》的第2条明确规定了录音制品制作者对于进口的许可权，可见此公约不支持录音制品的平行进口，但因其仅限于录音制品，其影响较小。在美国签订的自由贸易协议中，规定了禁止平行进口作者、表演者和制片人的进口权。

（二）商标平行进口

无论是《巴黎公约》还是《与贸易有关的知识产权协定》（TRIPS）都没有界定“真品”的平行进口是否为侵犯商标专有权的行为，也没有规定商标权人享有许可“进口”的权利。《与贸易有关的知识产权协定》（TRIPS）第6条规定，任何规定不得用于处理知识产权的权利用尽问题。发达国家一般都不支持国际权利用尽原则，而仅支持国内权利用尽。欧盟1998年的Silhouette诉Hartlauer案〔1〕中确定了商标权区域用尽的法律立场。这一点和上文提到的美国签署的美国－智利自由贸易协定中确定的“区域权利用尽”原则一致。

（三）专利平行进口

《巴黎公约》对专利平行进口没有规定，《与贸易有关的知识产权协定》（TRIPS）第28.1款对专利权人的进口权做了明确规定，未获得进口国专利权利持有人的许可的进口，会侵犯该专利权人的进口权。所以专利平行进口是《与贸易有关的知识产权协定》（TRIPS）所不允许的。

---

〔1〕 Silhouette International Schimied Gmb H & Co. v. Hartlauer Handelsgesellschaft Gm－bH（1998）2C. M. L. R. 953.

第六节　小结

TRIPS - plus 造法本身就是各国对现有的《与贸易有关的知识产权协定》（TRIPS）规定的知识产权最低保护标准的不满，从而争相表达其利益诉求以期最终修订《与贸易有关的知识产权协定》（TRIPS）所形成的一种动态的立法过程。在这个立法过程中，发达国家占主导地位，他们要求较高或较严格的知识产权保护标准，主要涉及知识产权的保护范围、保护期限和知识产权执法。在知识产权的保护范围和保护期限上，美国采用激进的强保护立法，而欧盟采用温和的符合知识产权国际条约的立法。但在知识产权的执法上，美国和欧盟却采取同样的强势保护的态度。然而在地理标志的保护上，美国和欧盟出现分歧，美国推行弱保护，而欧盟却推行强保护。同样，在电影保护的问题上，美国和发展中国家印度一道站在了欧盟的对立面。可见，在 TRIPS - plus 造法过程中，没有始终同一的利益共同体，各国需要做的就是尽可能多地表达自身所关心的知识产权保护利益，并寻求具有相同利益的群体以加强谈判的力量。

从微观层面上讲，各国利益在 TRIPS - plus 造法上的具体体现是：第一，在知识产权保护范围上。①关于版权及其相关权利：美国主张将复制权的保护范围扩大到临时复制，而且不规定限制和例外的情形；而欧盟虽然认可临时复制，但规定了广泛的限制和例外情形，维持了版权的合理使用。美国和欧盟将向公众传播的权利扩大到几乎所有的作品上；美国在发行权上主张首次销售权利用尽，我国也应该慎重考虑这个问题。②关于商标，美国主张扩大商标的保护范围；而欧盟强调加入相关的国际条约，比如

《商标国际注册马德里协定有关议定书》和《商标法新加坡条约》等。值得注意的是在商标的许可和使用上，美国采用的 TRIPS - plus 造法与以往有别，不再是无限地推高知识产权保护标准，而是设定一些禁止标准，也即 TRIPS - plus 造法的最高标准（ceiling），相关缔约国制订的法律不得超过此标准，比如美国签订贸易协定时的 TRIPS - plus 标准强调并细化了强制使用的通用名称的任何措施不能损害在此类产品上使用商标的有效性。在驰名商标上，美国同样采用 TRIPS - plus 造法的最高标准，比如美国签订的 TRIPS - plus 标准进一步澄清成员不得要求处理相关货物或服务领域之外的公众了解商标。③关于地理标志，美国主张用商标来保护地理标志，同时反对将地理标志保护的多边制度扩大到所有地理标志，然而具有悠久历史的欧盟国家却提倡强势的知识产权保护，旨在推动建立专门的地理标志多边保护制度。④关于专利，美国在专利保护方面是最激进的，不但要求扩大专利的保护范围、设定程序限制专利的撤销，还要求加入新的专利保护客体，而欧盟多对这些问题保持沉默。⑤其他方面，作为新的知识产权利益，域名保护和卫星信号的保护，也是美国尽量纳入的知识产权保护的新客体。

第二，在知识产权保护期限方面。①关于版权，由于美国不区分版权及其相关权利，所以美国的 TRIPS - plus 造法都是推行其国内标准，即《版权期限延长法案》所确定的标准。而欧盟是区分版权及其相关权利的，所以版权期限的规定和《与贸易有关的知识产权协定》（TRIPS）保持一致，只有将“表演者权利和录音制品”的保护期限从现有的 50 年保护延长至 70 年。②关于专利，美国的 TRIPS - plus 造法除了对于因授予专利和审查专利造成的延误应给予专利权人弥补外，还规定超过《与贸易有关的知识产权协定》（TRIPS）规定的 20 年专利期限的自动延长专利期限的保护。美国和欧盟都是《国际植物新品种保护公约》（UPOV）的成员，此公约中规定树木和藤本植物的保护期限不得少于 25 年。针对数据专有权的保护期限，美国规定 5 年，欧盟规定 10 年。欧盟在其签订的贸易协定中也规定工业设计的保护年限从最低 10 年延长到 15 年。③关于商标，在美国的 TRIPS - plus 造法中多规定商标的保护期限为 10 年。④关于过渡期，无论是美国还是欧盟，在与单个世界贸易组织成员或者尚未加入世界贸易组织的国家或地区签订贸易投资协议时都可能实质性改变《与贸易有关的知识产权协定》（TRIPS）的过渡期安排。

第三，在知识产权执行和争端解决方面。①关于知识产权执行，美国和欧盟的态度是一致的。对于知识产权的一般义务，TRIPS - plus 造法规定“案件的裁决最好采用书面形式并说明理由”和“成员为了改善知识产权执行可以收集信息，而且这些信息必须得公之于众”。对于民事和行政程序救济，TRIPS - plus 造法规定“将技术保护措施和管理信息权与其他知识产权权利并列纳入民事司法保护范畴”和非故意侵权人的赔偿责任以及先行赔付制度。对于临时措施，TRIPS - plus 造法规定，进一步细化保证金和相当担保不能成为请求行使临时措施的阻碍和为了实行临时措施可以指定专家且指定专家的费用不能成为请求行使临时措施的阻碍。对于边境措施，TRIPS - plus 造法规定依职权执行的边境措施可以针对进口、出口和转口的货物。对于刑事程序措施，TRIPS - plus 造法逐渐淡化“具有商业规模”数量上的要求，转而强调有经济收益。最后，对于网络服务提供者责任的限制，这主要是美国《数字千年版权法案》（DCMA）的规定。②关于知识产权的争端解决，美国的 TRIPS - plus 造法多强调更多的透明度。

此外，强制许可主要是有利于发展中国家的一种制度安排，起到防止专利滥用、保证公众需要的作用，它包括版权的强制许可和专利的强制许可。平行进口也是对知识产权权利人的一种挑战，排斥平行进口会阻碍贸易自由化，它包括版权、商标和专利的平行进口。发达国家 TRIPS - plus 造法一般都反对知识产权产品的强制许可和平行进口。

第四章

TRIPS - plus 造法的最新范例

第一节 概述

TRIPS - plus 造法一直是一个发展中的事物，而且囊括了越来越多的知识产权的新的保护标准或者高的保护标准，有学者形象地称之为“棘齿”效应。[1]发展中国家当初之所以接受多边的《与贸易有关的知识产权协定》（TRIPS）规定，一个很重要的原因是他们不愿意接受发达国家针对他们进行单边制裁或者双边贸易谈判立法。但在《与贸易有关的知识产权协定》（TRIPS）制定后，尤其在西雅图部长会议失败，且坎昆部长级会议也

〔1〕 蒙启红：“论知识产权国际保护的棘齿机制”，载《全国商情（经济理论研究）》2007 年第 1 期。

没有任何进展的前提下，发达国家开始转向其他路径来寻求提高知识产权保护标准。发达国家非但没有停止单边、双边主义的造法模式，而且变本加厉，花样翻新，还加强利用区域主义的造法模式并加入了复边主义的造法模式。有关专家将之后的发展称为"竞争自由化（competitive liberalization）"。所谓"竞争自由化"是指通过促进较小的区域市场范围内国家的竞争，发展特惠贸易安排使得贸易自由化。[1] 为了促进这种贸易自由化，美国主导制定了重视贸易、投资和相关领域的自由贸易协定（FTA）；欧盟主导制定的《经济合作协议》（EPAs）的范围更宽泛，包括非贸易问题，比如竞争政策、投资、商业环境的改善、教育和培训的合作、劳动和产品标准、环境保护、旅游、非法移民和其他非经济跨境问题的解决。[2] 此外，2011 年年底欧盟和美国正式宣布建立《跨大西洋贸易与投资伙伴关系协定》（TTIP）。无论是美国的自由贸易协定，还是欧盟的《经济合作协议》（EPAs），还是美国和欧盟的贸易协定，都有一个共同特点，就是将其国内法律移植给和其签订协议的缔约方。自由贸易协定和《经济合作协议》（EPAs）可以充分地考虑个别议题和缔约方的情况。本章所要讨论的《跨太平洋战略合作协议》（TPP）（一个美国正在谈判的自由贸易协定）、《经济合作协议》（EPAs）、《反假冒贸易协议》（ACTA）和《跨大西洋贸易与投资伙伴关系协定》（TTIP）（一个美国和欧盟正在谈判的自由贸易协定）就是利用区域主义和复边主义造法模式制定的最新的 TRIPS－plus 法律。其中《跨太平洋战略合作协议》

---

[1] Fred C. Bergsten, "Competitive Liberalization and Global Free Trade: A Vision for the Early 21st Century", *Inst. for Int'l Econ.*, Working Paper No. 96－15, 1996, http://www.iie.com/publications/wp/wp.cfm? ResearchID=171，访问日期：2014 年 8 月 25 日。

[2] Peter K. Yu, "Sinic Trade Agreements", 44 *U. C. Davis L. Rev.* 953, February 2011, p. 962.

（TPP）、《经济合作协议》（EPAs）和《跨大西洋贸易与投资伙伴关系协定》（TTIP）包括实体规范和知识产权执法，《反假冒贸易协议》（ACTA）只针对知识产权执法。如果说《反假冒贸易协议》（ACTA）是知识产权保护与贸易政策相结合的 TRIPS－plus 造法的最近的一个例证，那么正在进行的《跨太平洋战略合作协议》（TPP）谈判和《经济合作协议》（EPAs）谈判也不例外。大多数的 TRIPS－plus 造法都是经秘密谈判而形成的，《跨太平洋战略合作协议》（TPP）、《反假冒贸易协议》（ACTA）和《跨大西洋贸易与投资伙伴关系协定》（TTIP）也是如此。随着基因技术和网络技术的发展，知识产权国际立法也得顺应时代的发展。2002 年到 2007 年间美国制定的《贸易促进法案》[1]中就阐明了知识产权高标准保护的两个目标：在数字媒体领域适用现存的知识产权法和在知识产权贸易协议谈判中反映美国国内法的保护标准。这两个目标使得美国贸易协议谈判中的知识产权保护标准超越了《与贸易有关的知识产权协定》（TRIPS）规定的义务。

本章介绍 TRIPS－plus 造法的最新立法例，共包括 4 小节的内容：第一节概括本章的内容；第二节分析了最新的区域主义造法模式中的 TRIPS－plus 法律，包括《跨太平洋战略合作协议》（TPP）美国草案知识产权部分和欧盟的《经济合作协议》（EPAs）；第三节研究了最新的复边主义造法模式中的 TRIPS－plus 法律《反假冒贸易协议》（ACTA）和其他复边主义造法模式中的 TRIPS－plus 法律，特别是美国欧盟之间正在谈判的《跨大西洋贸易与投资伙伴关系协定》（TTIP）；第四节是对本章的小结。

---

〔1〕 P. L. 107～120.

第二节　区域主义模式的 TRIPS - plus 法律

区域贸易协议由于《关税贸易总协定》第 24 条的规定而合法化，允许世界贸易组织各成员在其领土之间建立区域贸易区和自由贸易区。典型的例子是欧盟、北美自由贸易区（NAFTA）和中国 - 东盟自由贸易区等。无独有偶，这些区域贸易协议中或多或少地包含知识产权保护的条款，有的是协议中的几个条款，有的是协议中的专章规定。《与贸易有关的知识产权协定》（TRIPS）生效后，发达国家继续采用区域贸易协议的方式向其他缔约方推广高标准的知识产权保护，也即 TRIPS - plus 法律。目前，正在处于谈判之中的是《跨太平洋战略合作协议》（TPP）和欧盟《经济合作协议》（EPAs）。

一、《跨太平洋战略合作协议》美国草案知识产权部分〔1〕(TPP)

亚洲太平洋地区是全球经济的主要驱动力，占全球国民生产总值（GDP）的 60% 和国际贸易的 50%。1990 年以来，亚洲太平洋地区的货物贸易额已经翻了三番，而在此地区的世界投资也翻了四番。〔2〕早在 2003 年，新加坡、新西兰和智利就准备签署一个亚太地区的自由贸易协议，2005 年文莱加入，2006 年所签订的自

---

〔1〕 2011 年 2 月美国的 TPP 知识产权草案，参见 http://www. bilaterals. org/spip. php? article19199&lang = en；2011 年 9 月美国的 TPP 知识产权（专利）部分草案，参见 http://www. bilaterals. org/spip. php? article20463&lang = en，访问日期：2014 年 8 月 25 日。

〔2〕 Ian F. Fergusson, Bruce Vaughn, "Trans - Pacific Partnership Agreement", CRS Report for Congress, June 25, 2010.

由贸易协议生效，这是《跨太平洋战略合作协议》（TPP）前身。目前，《跨太平洋战略合作协议》（TPP）正在美国、智利、秘鲁、新西兰、澳大利亚、马来西亚、文莱、越南和新加坡9个国家间进行，日本也表示意愿加入谈判。《跨太平洋战略合作协议》（TPP）已成为美国政府2011年优先推动的重要事项，并力求在2015年前完成整个谈判。[1]《跨太平洋战略合作协议》（TPP）共包括20章，其中第十章为知识产权的保护。美国想把《跨太平洋战略合作协议》（TPP）打造成21世纪区域贸易协议的典范，其中由专章规定的知识产权，内容涉及专利、商标、地理标志、版权及其相关权利、互联网域名、加密卫星和电缆信号节目、农业化学品、药品数据、商业秘密等广泛的知识产权保护客体。《跨太平洋战略合作协议》（TPP）中的知识产权章节集实体规范和程序规范为一体，详细规定了知识产权客体的管理和执法保护内容。有学者认为这将极大地推动知识产权国际保护规则的发展，甚至可能会形成一种新的知识产权保护的国际规范。[2]其实，美国加入《跨太平洋战略合作协议》（TPP）的主要目的是将其国内的标准扩大到其他亚洲太平洋地区的国家或地区，当然知识产权保护也不例外。目前美国已经和新加坡、智利、澳大利亚和秘鲁签订了自由贸易协议。美国正在和新西兰谈判双边贸易协定。美国也准备和文莱、越南签署双边贸易协定。如果这些贸易协定都能签订，那么几乎所有《跨太平洋战略合作协议》（TPP）缔约方都将与美国有双边贸易协议。这也为美国在《跨太平洋战略合作协议》（TPP）中包括更高的知识产权保护标准奠定了基础。《跨太平洋战略合作协

---

〔1〕陈福利："知识产权国际强保护的最新发展——《跨太平洋伙伴关系协定》知识产权主要内容及几点思考"，载《知识产权》2011年第6期。

〔2〕陈福利："知识产权国际强保护的最新发展——《跨太平洋伙伴关系协定》知识产权主要内容及几点思考"，载《知识产权》2011年第6期。

议》（TPP）涉及包括《与贸易有关的知识产权协定》（TRIPS）在内的13个知识产权国际公约，并要求所有缔约方在《跨太平洋战略合作协议》（TPP）生效之前加入或批准，其中包括我国还未加入的《关于播送由人造卫星传播载有节目的信号的公约》、《国际植物新品种保护公约》、《专利法条约》等。目前，《跨太平洋战略合作协议》（TPP）尚在谈判之中，考虑到美国已与缔约方中的多个国家达成双边贸易协定，《跨太平洋战略合作协议》（TPP）草案中诸多知识产权高标准保护必将在最终文本中保留。具体考察《跨太平洋战略合作协议》（TPP）草案中超过《与贸易有关的知识产权协定》（TRIPS）的知识产权标准和《与贸易有关的知识产权协定》（TRIPS）不包括的知识产权新标准至关重要。

（一）超过《与贸易有关的知识产权协定》（TRIPS）的标准

从知识产权国际保护制度的整体来看，《跨太平洋战略合作协议》（TPP）在《与贸易有关的知识产权协定》（TRIPS）的基础上确立了关于知识产权保护的更严格的国际标准。这主要表现在实体法律和知识产权执法上。

第一，在实体法律层面。①关于版权及其相关权利的规定有：对于版权的客体作品的保护要求作品的任何形式的复制都受到保护，包括永久性复制、暂时性复制，甚至还包括以电子形式存在的短暂保存，《跨太平洋战略合作协议》（TPP）对于复制的要求比之前美国主导签订的自由贸易协定更加严苛；要求缔约方政府软件正版化；延长保护期限采纳美国国内版权法的标准，特别是摄影作品采纳了和一般作品一样的保护期限；版权人的进口许可权，即作者有权授权或禁止对其作品的进口、销售或以其他方式改变其所有权；同一件作品上的版权及其相关权利没有先后之分，并可以通过合同转让其所有的权利；版权向公众传播的权利基本采纳了《世界知识产权组织版权条约》的相关规定，仅排除了

"使公众中的成员在其个人选定的时间和地点可获得这些作品"，这一规定使得个人从网络上下载的行为也构成侵权。②关于商标的规定有：缔约方应规定可注册商标的标识可以是视觉上感知并不必须是有形形式的标识；缔约方应提供机会给相关利益团体以便其质疑商标的申请或者要求取消已注册的商标；任何缔约方不得因为驰名商标未注册、未纳入驰名商标目录或缺乏公众认知而拒绝保护驰名商标；驰名商标的认定不得要求商标相关领域之外的公众认知；细化了《与贸易有关的知识产权协定》（TRIPS）对驰名商标适用于服务的条件，即在相关商品或服务使用商标使人联想到特定驰名商标或可能侵害驰名商标所有人的权益。③关于地理标志的规定有：对葡萄酒或烈性酒的地理标志的强保护，规定地理标志的翻译语言、易使人联想到地理标志的语言或地理标志的相关组合都应该禁止第三方使用。④关于专利的规定有：扩大了有关创新成果的可专利性，如《与贸易有关的知识产权协定》（TRIPS）第 27.3 条规定成员方可以拒绝授予动植物和人类或动物的诊断、治疗和外科手术方法，但《跨太平洋战略合作协议》（TPP）明确应当授予专利；具体化了专利可撤销的条件，包括申请人欺诈、歪曲事实、其他不公正的行为或拒绝实施专利。

第二，在知识产权执法层面。①针对知识产权执法的一般义务，《跨太平洋战略合作协议》（TPP）规定各成员资助分配执法资源不能构成拒绝履行本协定规定的理由，这点规定使得《跨太平洋战略合作协议》（TPP）规定的知识产权保护义务成为各成员知识产权执法保护的最低标准。②针对民事和行政救济，《与贸易有关的知识产权协定》（TRIPS）第 44 条规定组织涉及知识产权侵权行为的进口货物进入商业渠道，《跨太平洋战略合作协议》（TPP）要求对侵权货物出口实施禁令；在确定侵权产品或服务的价值时，包括侵权者的营利，而且可考虑权利人提供的零售价格或其他合法计算价值的方式。③针对边境措施，成员有关当局可依职权对进口、出口、转口和自由贸易内流动的假冒伪造货物采取措施。④针对刑事保护，明确刑事保护方面“商业规模”的定义，主要强调故意，而不再执着于具体的数量，个别情况下不是出于故意也受刑事制裁，比如使用假冒商标引起混淆、错误或欺骗和使用假冒文件或包装。

（二）《与贸易有关的知识产权协定》（TRIPS）中没有的标准

《跨太平洋战略合作协议》（TPP）除了规定了高于《与贸易有关的知识产权协定》（TRIPS）的知识产权保护标准外，《跨太平洋战略合作协议》（TPP）在实体法律层面和程序法律层面加入了一些新标准，确定了许多新的知识产权国际执法标准。

第一，在实体法律层面。①针对版权及其相关权利：在公共场所盗录影视作品的刑事责任；数字环境下的技术保护措施和权利管理信息，细化了《世界知识产权组织表演和录音制品条约》对技术保护措施和权利管理信息的规定；规定通过卫星和电缆信号传输的加密节目源的保护；网络服务提供商的责任甚至超出了美国国内法律规定的保护标准。②针对商标，可注册的商标扩大到声音和气味组成的标识；商标类型细化，包括证明商标；要求缔约方都加入《商标注册用商品和服务国际分类尼斯协定》；驰名商标的保护扩大到不相同或不相近似的服务商标；驰名商标与地理标志产生冲突，应禁止取消或拒绝地理标志的使用。③针对地理标志，缔约方对地理标志提供商标形式的保护；地理标志的异议与撤销情形；并允许来源于真实产地之外的产品或服务在一定条件下给予注册商标。④针对专利，规定了拒绝授予专利的情形，即成员为了公序良俗、人类和动植物的生命健康和保护环境可以拒绝授予专利；加入药品数据的保护；对于农业化学品不得批准相同或类似产品的市场准入。此外，《跨太平洋战略合作协议》

(TPP) 加入了计算机域名保护，不能与产品联系商业化地使用国家的名字，以致误导消费者对货物起源国的认识。

第二，在程序法律层面。①针对版权及其相关权利，对于加密节目源的民事救济比如资金补偿和刑事保护；对破坏技术措施的行为规定法律责任以及任何人以故意谋求商业利益或以个人获利为目的从事规避技术措施的行为时应接受刑事程序调查并承担相关的刑事责任；出于商业利益或以个人获利为目的，故意使得使用者无法获知版权人权利信息的行为应追究刑事责任。②针对商标，规定缔约方应提供商标电子申请程序并使得商标申请、注册的在线电子数据信息可公开获得；商标转让无须备案。③针对地理标志，地理标志的申请程序规定应尽量简化明晰；地理标志的申请、异议或撤销程序；多个术语组合当地理标志时应考虑的因素，包括可检索的产品类别、食品法规委员会公布的标准，他人将地理标志用作产品类别，等等。对地理标志的保护是美国妥协的表现，但是美国又强调具体细化的法律规定，这样就确定了地理标志保护的可预见性，即在缔约双方协商制定的规则体系内保护。④针对专利，缔约方应公开专利申请和专利信息，农业化学品市场准入的排他性批准。

第三，在知识产权执法层面。①在民事和行政救济方面，给予版权和商标所有人选择“先行赔付”的权利且赔偿数额足以补偿权利人并对未来造成威慑作用；对于专利侵权的“惩罚性赔偿”，有关当局对拒不遵守其判令的，可以处以罚款或拘留。②在边境措施方面，规定了中止放行的期限；有关中止放行的费用包括申请费、储存费或销毁费的要求不得不合理地阻碍中止程序的进行。③在刑事执法方面，在公共场所盗录影视作品追究刑事责任；对侵犯知识产权的帮助教唆行为施以刑事处罚；对侵权人追究刑责包括罚款和监禁；司法机关可依职权调查侵犯知识产权的犯罪。④在数字环境下的执法措施方面，在《与贸易有关的知识产权协定》（TRIPS）制定时网络技术没有得到空前发展，所以并没有专门规制这部分内容，《跨太平洋战略合作协议》（TPP）规定数字环境下与实体环境下的侵权行为适用同样的知识产权执法程序；缔约方应要求其政府各部门不得使用未经许可的盗版计算机软件，鼓励网络服务提供者与著作权人配合阻止未授权的作品的存储与传输；网络服务提供者承担侵犯责任的“避风港”原则；网络服务提供者有权关闭侵权者的账户，但不能妨碍成员间认可的技术措施的实施。⑤在争端解决方面，成员应促进打击侵犯知识产权的最佳实践信息的统计和分析；成员应公开知识产权执法效率的相关信息和统计资料；增加争端解决程序，任何不遵守《跨太平洋战略合作协议》（TPP）的行为将受到惩罚。

2011 年 11 月 12 日，《跨太平洋战略合作协议》（TPP）九国领导人宣布达成“21 世纪《跨太平洋战略合作协议》（TPP）”的框架，美国总统奥巴马希望 2012 年能够达成具体协议。[1] 关于知识产权部分，《跨太平洋战略合作协议》（TPP）缔约国同意强调和发展现存世界贸易组织下《与贸易有关的知识产权协定》（TRIPS）规定的义务和确保在《跨太平洋战略合作协议》（TPP）国家中形成一个有效平衡的知识产权体系，知识产权草案包括多种类型的权利形式：商标、地理标志、版权及其相关权利、专利、商业秘密、被管制产品准入所需的数据以及知识产权执法、遗传资源和传统知识。《跨太平洋战略合作协议》（TPP）国家同意履行《TRIPS 和公共健康多哈宣言》。[2] 美国在整个《跨太平洋战略合作协议》（TPP）的制定过程中雄心勃勃，我们注意到《跨太

---

〔1〕 参见 http://www. ustr. gov/tpp，访问日期：2014 年 8 月 25 日。

〔2〕 参见 http://www. ustr. gov/about – us/press – office/fact – sheets/2011/november/outlines – trans – pacific – partnership – agreement，访问日期：2014 年 8 月 25 日。

平洋战略合作协议》（TPP）中的个别规定甚至超越了或细化了之前美国主导的双边贸易协议中的 TRIPS－plus 保护标准，比如具体化了专利可撤销的条件等，未来达成的协议是否可以与其草案保持一致，我们拭目以待。

二、欧盟《经济合作协议》(EPAs)

早在 2000 年欧盟就和非洲、加勒比海、太平洋国家（Africa, the Caribbean and the Pacific，简称 ACP）签订了《科托努协议》(The Cotonou Agreement)，此协议规定由欧盟提供欧洲发展基金(European Development Fund）资助非洲、加勒比海、太平洋区域的国家可持续发展和逐渐使这些国家融入世界经济一体化以减少或消灭贫困。[1] 在《科托努协议》第 46 条明确规定不得要求非洲、加勒比海、太平洋国家提高知识产权保护。但欧盟认为根据该协议第 46.4 条规定，欧盟成员国和非洲、加勒比海、太平洋国家可以考虑达成保护商标和地理标志的协议。欧盟与非洲、加勒比海、太平洋国家的《经济合作协议》（EPAs）谈判始于 2002 年 9 月，其协议最终成立于 2007 年 12 月。[2] 在这个《经济合作协议》（EPAs）框架下，欧盟将与非洲、加勒比海、太平洋国家分别签订了 7 个《经济合作协议》，分别为：南非（SADC）、西非(ECOWAS)、东南非（ESA)、东非共同体（ECA)、中非(CEMAC)、加勒比（CARIFORUM）和太平洋论坛，其中只有加勒比的《经济合作协议》最终达成，而另外的 6 个《经济合作协议》为过渡期协议或临时协议。这些过渡期的《经济合作协议》

---

〔1〕参见 http://ec.europa.eu/europeaid/where/acp/overview/cotonou-agreement/index_en.htm，访问日期：2014 年 8 月 25 日。

〔2〕参见 http://www.delbrb.ec.europa.eu/en/irtr/euacp_overview.htm，访问日期：2014 年 8 月 25 日。

中虽然没有知识产权保护的实质性条款但都包括知识产权保护条款，其中非洲、加勒比海、太平洋地区的国家中参加了过渡期协议谈判的将在未来的整个《经济合作协议》（EPAs）讨论知识产权保护问题，而没有参与过渡期协议谈判的国家在加入整个《经济合作协议》（EPAs）时有权选择是否讨论知识产权保护的问题。加勒比论坛的《经济合作协议》于2007年12月完成并于2009年3月由欧盟议会批准，它明确规定了知识产权保护。[1]

《经济合作协议》（EPAs）中的加入知识产权保护条款对非洲、加勒比海、太平洋地区的国家造成的影响有：①虽然非洲、加勒比海、太平洋地区中的大多数国家已经是世界贸易组织成员，但是他们几乎还没有开始履行《与贸易有关的知识产权协定》（TRIPS）规定的义务。同时他们其中一些国家还是最不发达的国家，这些国家根据《与贸易有关的知识产权协定》（TRIPS）的安排到2013年才需要履行《与贸易有关的知识产权协定》（TRIPS）规定的知识产权义务。但是由于签订《经济合作协议》（EPAs）将会使他们提前履行《与贸易有关的知识产权协定》（TRIPS）规定的义务。②由于一些非洲、加勒比海、太平洋地区的国家还尚未加入世界贸易组织，所以《经济合作协议》（EPAs）中的知识产权保护条款将使他们不堪重负。③由于《与贸易有关的知识产权协定》（TRIPS）中的最惠国待遇原则没有例外地适用于区域贸易协议中的知识产权规定，这就意味着非洲、加勒比海、太平洋地区的国家与欧盟签订的《经济合作协议》（EPAs）中的知识产权保护条款要同样适用于其他任何世界贸易组织成员。另外，日后欧盟和非洲、加勒比海、太平洋地区的国家签订的任何知识产

---

〔1〕 Dalindyebo Shabalala, "Intellectual Property In European Union Economic Partnership Agreements with the African, Caribbean and Pacific Countries: What way Forward after the Cariforum EPA and the interim EPAs?", Center for International Environmental Law, April, 2008.

权保护条款也会扩大到整个已加入世界贸易组织的成员。欧盟和非洲、加勒比海、太平洋国家签订《经济合作协议》（EPAs）后，会导致世界上只有拉丁美洲和亚洲的一些国家在世界贸易组织和世界知识产权组织的国际知识产权保护的扩张上持有反对意见。欧盟《经济合作协议》（EPAs）可将其知识产权保护标准推广到非洲、加勒比海、太平洋国家。2008 年 10 月 30 日签订的欧盟 - 加勒比《经济合作协议》（EPA）共计 1000 多页，其中第二章规定了“创新和知识产权”，它不同于任何以往的区域贸易协议之处，就是将创新和知识产权保护并列，研究此部分规定，有利于我们了解未来《经济合作协议》（EPAs）中的知识产权保护标准。欧盟 - 加勒比《经济合作协议》（EPA）涉及的知识产权保护的面很广，囊括了《与贸易有关的知识产权协定》（TRIPS）的所有保护范围并加入了一些新的知识产权保护客体，比如遗传资源、生物多样性和传统知识保护。此外，欧盟 - 加勒比《经济合作协议》（EPA）除了在地理标志和知识产权执法方面推行知识产权强保护外，在其他方面尽量遵循知识产权国际公约，包括《与贸易有关的知识产权协定》（TRIPS）制定后世界知识产权组织主持制定的一系列条约，这一点符合欧盟制定 TRIPS - plus 保护标准的一贯“温和”诉求。欧盟 - 加勒比《经济合作协议》（EPA）的知识产权执法共包含 13 个条款[1]，在数量上少于《与贸易有关的知识产权协定》（TRIPS）的 21 个条款，但这丝毫没有影响欧盟执行高标准知识产权执法的诉求。具体分析欧盟 - 加勒比《经济合作协议》（EPA）超越《与贸易有关的知识产权协定》（TRIPS）的标准和《与贸易有关的知识产权协定》（TRIPS）不包括的标准，有利于我们全面掌握欧盟 TRIPS - plus 造法理念。

---

〔1〕 EC - Cariforum EPA，§151 ~ 163.

（一）超过《与贸易有关的知识产权协定》（TRIPS）的标准

在实体法律层面，《与贸易有关的知识产权协定》（TRIPS）第8条规定各成员可采用保护公共健康和营养的措施。在欧盟 – 加勒比《经济合作协议》（EPA）中就规定协议的任何条款不得解释为妨碍加勒比海地区获得药品，[1]这个禁止性的标准相当于"最高标准"，也足见欧盟对于加勒比地区公共健康的妥协。《与贸易有关的知识产权协定》（TRIPS）对于滥用知识产权的限制竞争行为是任意性的，但欧盟 – 加勒比《经济合作协议》（EPA）对这类行为采用的措施是强制性的，[2]并对滥用知识产权的限制竞争行为加入一类"滥用显而易见的不对称信息"。①在版权及其相关权利保护方面，欧盟 – 加勒比的《经济合作协议》（EPA）要求成员加入《世界知识产权组织版权条约》和《世界知识产权组织表演和录音制品条约》。[3]②在商标保护方面，欧盟 – 加勒比《经济合作协议》（EPA）将《与贸易有关的知识产权协定》（TRIPS）规定的"各成员可提供机会以便对商标的注册提出异议"进一步细化到"各成员可提供机会以便对商标的注册的异议起诉到法院"。[4]③在地理标志保护方面，欧盟 – 加勒比《经济合作协议》（EPA）各成员国在2014年1月前对地理标志提供保护；并达成协议将对葡萄酒和烈酒的保护扩大到所有地理标志潜在保护的产品上；同时，此协议产生了最宽泛的地理标志保护。[5]有学者批评加勒比海地区国家在未经调研和仔细评估的情况下对地理标识提供如此

---

〔1〕 EC – Cariforum EPA，§139.2.

〔2〕 EC – Cariforum EPA，§142.

〔3〕 EC – Cariforum EPA，§143.A.

〔4〕 EC – Cariforum EPA，§144.

〔5〕 EC – Cariforum EPA，§145.

宽泛的保护为时过早。[1]④在专利保护方面，规定缔约方应履行《专利合作条约》、《专利法条约》和《国际承认用于专利程序的微生物保存布达佩斯条约》所规定的义务；规定加勒比海国家应加入以上条约。[2]

在知识产权执法方面，主要是将欧盟知识产权"强"执法标准移植到欧盟－加勒比《经济合作协议》（EPA）中。①关于证据的规定，当货物被扣押时扩大原告介入私人信息的权利，比如银行记录，[3]而且对于证据的收集可以扩大到即将发生的侵权。②对于信息权（Right of Information），具体化了相关当局有权命令侵权人或第三人提供侵权信息：具有商业规模的侵权产品和服务，用在侵权活动上的具有商业规模的服务和涉及上述活动的生产、制造、传播或者提供服务。③关于临时措施，规定了临时和预防措施，注重预防的功能避免发生对侵权人的损害。④关于边境措施，要求符合《与贸易有关的知识产权协定》（TRIPS）第 52 条～第 53 条的规定，但同时强调所有措施既适用于进口方也适用于出口方。另外，原告可以主张对知识产权适用采取禁令而不用证明已遭受损害。作为第三方的中间人，不是侵权者，也要受到惩罚；[4]欧盟－加勒比《经济合作协议》（EPA）不包括任何保护被告的限制和例外。这和多数的知识产权执法的规定一样，是一边倒支持权利所有人的。

此外，过渡期的改变，对于最不发达国家应该履行的《与贸

〔1〕 Dalindyebo Shabalala, "Intellectual Property In European Union Economic Partnership Agreements with the African, Caribbean and Pacific Countries: What way Forward after the Cariforum EPA and the interim EPAs?", Center for International Environmental Law, April, 2008.

〔2〕 EC－Cariforum EPA, § 147.

〔3〕 EC－Cariforum EPA, § 153, § 154.

〔4〕 EC－Cariforum EPA, § 156.

易有关的知识产权协定》（TRIPS）规定的知识产权保护义务，按照《与贸易有关的知识产权协定》（TRIPS）规定的给予最不发达国家的过渡期安排执行，但是欧盟－加勒比《经济合作协议》（EPA）中规定的最不发达国家承担的义务不得迟于2021年1月履行，除非欧盟－加勒比贸易发展委员会根据法律做出其他规定。[1]这就使得原本还没有如世界贸易组织的加勒比海地区的国家在2021年也要履行知识产权保护义务。此外，工业设计的保护期限至少为5年，可续展，但最长不得超过25年。

（二）《与贸易有关的知识产权协定》（TRIPS）中没有的标准

第一，在实体法律层面。欧盟－加勒比《经济合作协议》（EPA）中也包含一些《与贸易有关的知识产权协定》（TRIPS）中没有的规定。①在版权及其相关权利保护方面，欧盟－加勒比《经济合作协议》（EPA）规定建立机制方便获得版权许可，并使版权权利人通过许可使用获得足够的回报。[2]②在商标保护方面，商标管理局应对商标申请的最后决定出具书面理由；关于驰名商标要求缔约方加入1999年的《驰名商标保护的联合建议》；还规定了商标的网络使用和商标许可应遵守世界知识产权组织的联合建议；要求缔约方加入1989年《商标国际注册马德里协定》和2006年修改的《商标法条约》。[3]③在地理标志保护方面，缔约方应交换地理标志立法的政策的信息；地理标志保护的无限期；植物和动物品种不得由地理标志保护；地理标志不得注册商标；2014年1月开始谈判地理标志保护协议；地理标志的网络使用。④在专利保护方面，专利和公共健康应符合《多哈宣言》规定的义务。[4]

〔1〕 EC－Cariforum EPA，§140.

〔2〕 EC－Cariforum EPA，§143. B.

〔3〕 EC－Cariforum EPA，§144.

〔4〕 EC－Cariforum EPA，§147.

此外，欧盟 - 加勒比《经济合作协议》（EPA）还规定了实用新型、植物品种的保护和遗传资源、生物多样性和传统知识保护。它只是重申了现有国际公约中的规定，比如：《生物多样性公约》的第 8（f）款“重建和恢复已经退化的生态系统，促进受威胁物种的复原”。欧盟希望加勒比地区的国家批准《国际植物新品种保护公约》，但是欧盟 - 加勒比《经济合作协议》（EPA）还是强调了《与贸易有关的知识产权协定》（TRIPS）第 27. 3 款各成员可建立一种特殊制度保护植物品种的规定。欧盟 - 加勒比《经济合作协议》（EPA）第 149 条规定了植物品种的保护，但是第 1 款规定了保护的例外，即农民可以保留、再利用和交换种子以及繁殖原料，此点和《国际植物新品种保护公约》完全相悖，而且在《与贸易有关的知识产权协定》（TRIPS）中也找不到类似的规定。

第二，在知识产权执法方面。①界定了申请知识产权执法的申请人资格：知识产权持有人、知识产权被许可人、知识产权集体管理组织和专业防卫机构为有资格的申请人，这就扩大了申请人的范围，还会导致申请知识产权执法成为专业化行动。②关于赔偿费，侵权人即使不知道自己在从事侵权行为，司法当局也有权责令侵权人对已产生的侵权赔偿知识产权人。③要求公布判决，缔约方的司法当局在申请人的请求下有权责令公布和宣传判决，所用费用由侵权者承担。值得注意的是，2008 年签订的欧盟 - 加勒比《经济合作协议》（EPA）中没有规定刑事措施，也未涉及数字领域的知识产权侵权问题。但是在 2010 年欧盟参与的《反假冒贸易协议》（ACTA）谈判中对这些问题采取了强有力的保护。可以预见在未来欧盟签订的《经济合作协议》（EPAs）中必将包括越来越多且越来越严苛的知识产权执法措施。

可见，欧盟在欧盟 - 加勒比《经济合作协议》（EPA）的立法过程中遵循其一贯的“温和”立法措施，即要求和大多数知识产权国际公约保持一致即可。但是在地理标志和知识产权执法上可见欧盟的强保护态度，在具体法律规定上也做了细化，尤其在知识产权执法上的保护甚至超越了美国在《跨太平洋战略合作协议》（TPP）中的 TRIPS - plus 标准，比如申请人范围扩大、公布和宣传判决等。此外，欧盟 - 加勒比《经济合作协议》（EPA）也开始关注发展中国家的利益诉求，比如：规定了实用新型、植物品种的保护和遗传资源、生物多样性和传统知识保护，特别是“农民可以保留、再利用和交换种子和繁殖原料”是对发展中国家有利的具体规定。

第三节　复边主义模式的 TRIPS - plus 法律

复边主义模式是发达国家采用的最新 TRIPS - plus 造法模式，它仍然延续了发达国家将知识产权保护和贸易挂钩的方式。复边主义协议有利于实现相对统一的知识产权国际保护准则。

一、《反假冒贸易协议》（ACTA）

早在 1978 年东京回合谈判的尾声，发达国家的私人集团就要求在《关税贸易总协定》中规定知识产权保护，典型代表是：里维·斯特劳斯就假冒其牛仔裤商标的行为进行游说，最终得到美国贸易谈判代表（USTR）办公室的支持并制定了反假冒法。[1] 1982 年美国、日本、欧盟和加拿大就反假冒法草案达成了协议，但是这个协议遭到发展中国家的阻止而未通过。1986 年乌拉圭回

〔1〕［美］苏珊·K. 赛尔著，董刚、周超译：《私权、公法——知识产权的全球化》，中国人民大学出版社 2008 年版，第 39 页。

合谈判开始时，几个发达国家代表未解决假冒商标商品的问题又提出这个反假冒法草案。然而，由于当时美国和欧盟所关心的主要议题是知识产权问题能否由《关税贸易总协定》来保护，所以将反假冒议题作为一项边缘性议题而没有给予太多重视。[1] 1988年蒙特利尔中期审议时，反假冒法仍是一个可选议题。这时美国国内认为暂时达成一个相对温和的知识产权协议可能对美国更有利，因此它就暂时放弃了在反假冒法上签字。[2] 2007 年美国贸易代表宣布，为了阻止全球假冒商标和盗版的发生，美国将与重视知识产权保护的贸易伙伴合作，推动《反假冒贸易协议》（ACTA）的谈判。从 2008 年的第一轮会谈以来，共进行了 11 轮会谈。2010年 10 月《反假冒贸易协议》（ACTA）最终文本确定，先后不超过 3 年时间。从这段历史不难看出，美国私人集团是怎样推动政府的，并以这种方式推动美国政府在世界上前进，反假冒一直是美国的诉求，但在不同的历史时期它以不同的态度避重就轻。《反假冒贸易协议》（ACTA）的多数缔约方在讨论《反假冒贸易协议》（ACTA）前就和美国签订了双边贸易协议，他们包括约旦、韩国、墨西哥、摩洛哥、新加坡和阿拉伯联合酋长国。《反假冒贸易协议》（ACTA）作为知识产权执法的国际条约，这本来就是美国和欧盟的共同诉求，这也难怪在知识产权执法上可以达成此协议。目前《反假冒贸易协议》（ACTA）由于个别欧盟成员国的顾虑而没有最终生效，但《反假冒贸易协议》（ACTA）值得研判。虽然《反假冒贸易协议》（ACTA）是关于知识产权执法的国际条约，但其中一些规定可能导致实体法律的改变。

---

〔1〕［美］苏珊·K. 赛尔著，董刚、周超译：《私权、公法——知识产权的全球化》，中国人民大学出版社 2008 年版，第 40 页。

〔2〕［美］苏珊·K·赛尔著，董刚、周超译：《私权、公法——知识产权的全球化》，中国人民大学出版社 2008 年版，第 40 ~ 42 页。

(一) 超过《与贸易有关的知识产权协定》(TRIPS) 的标准[1]

从知识产权国际保护制度的整体来看,《反假冒贸易协议》(ACTA) 在《与贸易有关的知识产权协定》(TRIPS) 的基础上确立了关于知识产权执法的更严格的国际标准。[2]

在保护范围上,除了《与贸易有关的知识产权协定》(TRIPS) 中保护的版权和商标侵权,《反假冒贸易协议》(ACTA) 在总则、民事执法、边境措施和数字环境下[3]知识产权执法中将保护范围扩大到了其他知识产权,这表明地理标志的执法也会纳入到《反假冒贸易协议》(ACTA) 中。在边境措施上,知识产权国际执法范围扩大到具有商业性质的小件托运物品上,这主要是为了避免电子商务中增加的知识产权侵权。在刑事执法中,《反假冒贸易协议》(ACTA) 重新定义了商业规模,这主要是针对世界贸易组织审理中国案件时确立的"500 件假冒产品定为商业规模",[4]除《与贸易有关的知识产权协定》(TRIPS) 中规定的直接经济利益的概念外还加入了间接经济利益的概念。

在保护环节上,《与贸易有关的知识产权协定》(TRIPS) 中的边境措施只强制要求对进口环节进行保护,对出口环节的海关保护可由各成员自行决定。《反假冒贸易协议》(ACTA) 在边境措施中规定对进出口、转运环节[5]进行保护。

在保护模式上,《反假冒贸易协议》(ACTA) 在边境措施和刑事执法中规定了有权当局的依职权行为,而《与贸易有关的知识

[1] 张娜:"论《反假冒贸易协议》对中国的影响",载《国际商务(对外经济贸易大学学报)》2012 年第 2 期。

[2] 衣淑玲:"《反假冒贸易协定》谈判述评",载《电子知识产权》2010 年第 7 期。

[3] 在刑事措施中是否纳入专利侵权还未最终确定。

[4] WT/DS362/R, 09/0240, 26/01/2009.

[5] 《反假冒贸易协议》第 2. X. 2 款。

产权协定》(TRIPS) 没有类似规定。

在救济方式上，主要包括损害赔偿和侵权物处置两方面内容。在损害赔偿的规定中，《反假冒贸易协议》(ACTA) 细化了确定损害赔偿额的方式，除了《与贸易有关的知识产权协定》(TRIPS) 中规定的司法当局的考虑外，给予权利人提供合理估价方式的权利以增加其获得赔偿的机会。[1] 在侵权物处置上，《反假冒贸易协议》(ACTA) 中规定销毁侵权物，但在边境措施中还规定了在侵权物不被销毁的情况下应置于销售渠道之外，[2] 而《与贸易有关的知识产权协定》(TRIPS) 中规定侵权物在没收后可以返回到市场。

在获得信息权上，《反假冒贸易协议》(ACTA) 规定了获得信息权条款的强制性规定，取代《与贸易有关的知识产权协定》(TRIPS) 中的许可性规定。同时，获得信息权的对象从侵权人扩大到被指控的侵权人，而且《反假冒贸易协议》(ACTA) 没有任何有效的条款规定错误使用获得的信息应承担的责任。[3]

(二)《与贸易有关的知识产权协定》(TRIPS) 中没有的标准[4]

《反假冒贸易协议》(ACTA) 除了规定了高于《与贸易有关的知识产权协定》(TRIPS) 的知识产权国际执法标准外，还确定了许多新的知识产权国际执法标准，在刑事执法中的细化标准、全新的数字环境下的执法和其他一些新标准。

在刑事执法中规定了若干新标准。①第 2.14.2 条款确立了在未经授权的情形下，使用与注册商标相同或者相近的标签和包装的刑事责任。②第 2.14.4 条款确立了帮助和教唆的刑事责任。

---

〔1〕《反假冒贸易协议》第 2.2 款。

〔2〕《反假冒贸易协议》第 2.3 款。

〔3〕《反假冒贸易协议》第 2.4 款。

〔4〕张娜："论《反假冒贸易协议》对中国的影响"，载《国际商务（对外经济贸易大学学报)》2012 年第 2 期。

③第2.14.5 条款规定了自然人从事刑事违法行为，同样承担刑事责任。④第 2.15 条款确定了并处监禁和罚金，而《与贸易有关的知识产权协定》（TRIPS）规定可以选择限制自由刑还是并处或单处罚金。⑤第 2.16 条款规定有权当局可以没收与被指控的违法行为相关的书面证明（证明文件）和通过被指控的侵权活动取得的财产，而且此“被指控的侵权活动取得的财产”是《反假冒贸易协议》（ACTA）刑事执法规定中新确立的概念。⑥第 2.17 条款规定了依职权刑事执法，“在适当情形下，有权当局可以主动采取行动发起调查或者对第 2.14 条款规定的刑事违法行为提起诉讼”。

与刑事执法不同，数字环境下的知识产权执法措施是《反假冒贸易协议》（ACTA）中的全新规定。之所以纳入这部分规定，是因为美国试图在全世界范围内推行其《数字版权千年法案》（DMCA）。在《反假冒贸易协议》（ACTA）中确定的“数字环境下的执法措施”有：①在保护范围上第 2.18.1 条规定针对网络侵权的执法适用于所有知识产权类型，包括地理标志；②在第 2.18.2 条和第 2.18.4 条中规定了网络服务提供者的责任也适用于电子商务中的商标侵权；③从第 2.18.5 条到第 2.18.8 条规定了技术措施和权利管理信息，相关的国际执法标准只在《世界知识产权组织版权条约》的第 11 条、第 12 条和《世界知识产权组织表演和录音制品条约》第 18 条中有相关规定。《反假冒贸易协议》（ACTA）澄清了技术措施的定义，并保留了在例外和限制情形下对于版权的适用。

除以上两部分外，《反假冒贸易协议》（ACTA）还在执法实践中确定了另外两项内容：管理边境风险中第 3.2 条规定了权利所有人和海关建立联系，第 3.5 条规定销毁货物时的环境考虑，即“销毁侵犯知识产权货物应与各成员国关于环境事务的法规保持一致”。

2010 年 10 月《反假冒贸易协议》（ACTA）最后文本公布，

现已开放签字。世界范围内的反对游行愈演愈烈，版权保护和网络自由之间的平衡逐渐成为辩论的焦点。目前，德国已经决定在欧盟议会决定是否加入《反假冒贸易协议》（ACTA）之后再签字，波兰也暂停在《反假冒贸易协议》（ACTA）上签字。[1] 可见，欧盟内部成员对最终批准《反假冒贸易协议》（ACTA）有些动摇。

二、其他复边主义的 TRIPS - plus 法律

2013 年 6 月，美国和欧盟正式宣布启动《跨大西洋贸易与投资伙伴关系协定》（TTIP）的谈判，截至目前已经进行 6 轮会谈。由于整个会谈的信息未披露缺乏透明度，谈判双方也害怕过早披露相关建议会给谈判增加相关的难度，所以外界很难了解双方知识产权谈判的具体细节。如前文所述，美国和欧盟作为知识产权的强国在知识产权保护标准方面都有许多相同的利益，只是保护的手段方式存在差异但基本上可以达到一致的保护结果。但在某些方面比如地理标志的保护上，美国和欧盟又存在差异，所以两个实力相当的国家在知识产权保护标准上的博弈值得期待。美国方面声称，将优先关注知识产权政策标准如何统一的问题。《跨大西洋贸易与投资伙伴关系协定》（TTIP）不排除任何与专利、版权、商标、数据保护、地理标志或者其他知识产权形式的相关规定。美国参议院财政委员会主席马克·鲍库斯认为，《跨大西洋贸易与投资伙伴关系协定》（TTIP）谈判不仅能通过知识产权政策来降低国际贸易壁垒，还能提振经济复苏的信心，推动世界最大的两个经济体实现显著增长，成为世界贸易组织成立以来最大的贸易协定。当然目前有学者认为《跨大西洋贸易与投资伙伴关系协

---

〔1〕 http://www.bilaterals.org/spip.php?article21035&lang=en，访问日期：2014 年 8 月 25 日。

定》(TTIP)笼罩在《反假冒贸易协议》(ACTA)的阴影下,[1]对未来美国和欧盟在知识产权保护方面达成一致持怀疑态度。但一旦美国和欧盟在知识产权保护标准上达成一致,中国也许重新成为规则的被动接受者,因为任何由美国和欧盟采纳的技术和法规标准都将可能成为未来双边、多边和地区间贸易谈判的参考标准,进一步巩固美国和欧盟在全球贸易规则制定方面的垄断地位和话语权。中国是欧盟与美国的最主要的经贸伙伴,中国同欧盟、美国的贸易额占中国对外贸易总额的1/4以上,欧盟和美国分别为中国的第一、第二大贸易伙伴。《跨大西洋贸易与投资伙伴关系协定》(TTIP)一旦成立,势必产生贸易创造效应和贸易转移效应,即中国对欧盟出口将面临来自美国的竞争压力;对美国出口将面临来自欧盟的竞争压力。目前,中国一方面在国内积极打造"上海自贸区"来进行实验以期"倒逼"法律政策改革,来实验中国法律和政策的开放性以便实现和国际贸易新规则的全面接轨;另一方面中国积极展开和美国、欧盟的双边贸易投资谈判,通过加强与欧、美的经贸往来和投资保护力度,进一步消除贸易壁垒,促进双向投资和增加市场准入,推动中欧、中美经贸合作向前发展。

作为复边主义谈判进程的一部分,世界贸易组织还组成了13个"朋友团(Friends Groups)"[2],其中的视听服务朋友团和计

---

[1] 目前《反假冒贸易协议》由于欧盟成员国的反对而搁浅,所以《跨大西洋贸易与投资伙伴关系协定》如果过于激进难免重蹈覆辙。

[2] 13个"朋友团"分别是:视听服务(Audio - visual service)、空运(Air Transport)、计算机相关服务(Computer - related services)、建筑服务(Construction services)、能源服务(Energy services)、环境服务(Environmental services)、快递服务(Express Delivery services)、金融服务(Financial services)、物流服务(Logistical services)、法律服务(Legal services)、海洋服务(Maritime services)、模式3(Mode 3)、模式4(Mode 4)和通讯(Telecommunication)。

算机相关服务朋友团和 TRIPS - plus 造法相关。其中《视听表演北京条约》已于2012年在中国签订，此条约确实包含了许多 TRIPS - plus 条款。世界贸易组织下的朋友团采纳复边主义模式，它们将针对贸易中发生的问题，根据各自的议题，总结“共同利益诉求”的文件和需要递交此“共同利益诉求”文件的国家名单。这些朋友团将“共同利益诉求”的文件递交给上述名单上的国家，有可能形成新的具有复边主义属性的协议，从而推动复边主义谈判向前进，以解决世界贸易中出现的问题。

第四节 小结

从各个协议缔结的时间顺序来看，从《经济合作协议》（EPAs）到《反假冒贸易协议》（ACTA）再到现在还处于草案阶段的《跨太平洋战略合作协议》（TPP）和正在谈判的《跨大西洋贸易与投资伙伴关系协定》（TTIP），美、欧主导的 TRIPS - plus 的保护标准体现出“棘轮”效应。尤其是从《反假冒贸易协议》（ACTA）和《跨太平洋战略合作协议》（TPP）制定开始，反对它们的声音就此起彼伏。反对者的主要担心是这两个法案将成为世界网络的新敌人，它们将破坏电子商务、个人自由和整个行业的繁荣。[1] 但是由于美国和欧盟的利益驱动，这两个协议的制定都已发生，而且美国极力推动协议的达成和生效。回首此章所讨论的 TRIPS - plus 造法的最新范例，不难发现美国在 TRIPS - plus 造法中越来越激进，不得不怀疑它主导的一些 TRIPS - plus 的正当性；欧盟在

〔1〕 http://www.bilaterals.org/spip.php? article21025&lang = en，访问日期：2014年8月25日。

TRIPS - plus 造法中秉持温和特征，而且会关注缔约方中的发展中国家的一些利益；但在知识产权执法上，无论是美国还是欧盟都提倡强保护的标准。我国在未来推行 TRIPS - plus 造法时应警惕自身利益的无限膨大而走上美国的激进立法态势，但是也要善于发现有共同利益的国家并团结它们以实现自身利益的最大化。

《跨太平洋战略合作协议》（TPP）的美国草案知识产权部分，超越了现有美国主导的 TRIPS - plus 标准有：首先，在实体法律层面，①对于版权及其相关权利，规定政府软件的正版化，公共场所盗录影视作品的刑事责任；②对于商标，驰名商标与地理标志产生冲突，应禁止取消或拒绝地理标志的使用；③对于专利，规定为了公序良俗、人类和动植物的生命健康和保护环境时可以拒绝授予专利。其次，在程序法律层面，①针对版权及其相关权利规定了多种新版权保护的刑事责任，比如，加密节目源和规避技术措施的行为；②针对商标，规定了电子申请程序并可公开获得电子数据信息；③针对专利，规定了农业化学品市场准入的排他性批准。最后，在知识产权执法层面，①针对民事和行政救济方面，规定了专利侵权的“惩罚性赔偿”；②针对边境措施方面，规定了中止放行的期限；③针对刑事执法，规定司法当局可依职权调查侵犯知识产权的犯罪；④针对数字环境下的执法措施，规定数字环境下与实体环境下的侵权行为适用同样的知识产权执法程序，以及网络服务提供者有权关闭侵权者的账户。

欧盟主导的《经济合作协议》（EPAs）和美国主导的《跨太平洋战略合作协议》（TPP）草案一样，大多数成员还在谈判中，但对现有的欧盟 - 加勒比《经济合作协议》（EPA）的研究发现：①在实体法律层面，欧盟一如既往地要求成员加入一系列的知识产权国际条约；欧盟规定了一些有利于发展中国家的条款，比如，协议的任何条款不得解释为妨碍加勒比海地区获得药品；滥用知识产权的限制竞争行为的强制性；还规定了实用新型、植物品种的保护和遗传资源、生物多样性和传统知识保护；约定谈判地理标志保护的专门协定；②在知识产权执法层面，规定了专业防卫机构为有资格的申请人；作为知识产权第三方的中间人，不是侵权者，也要受到惩罚；公布判决费用由侵权者承担。

《反假冒贸易协议》（ACTA）是美国和欧盟参与制定的知识产权执法的国际保护制度，TRIPS - plus 造法主要表现在：①扩大知识产权执法的保护范围；②对进出口、转运环节实施边境措施。③刑事执法的依职权行为；④关于损害赔偿，给予权利人提供合理估价方式的权利以增加其获得赔偿的机会；⑤关于侵权物处置，规定了在侵权物不被销毁的情况下应置于销售渠道之外；⑥规定了若干刑事执法新标准；⑦数字环境下的知识产权执法措施，主要采纳了美国《数字版权千年法案》（DMCA）。除《反假冒贸易协议》（ACTA）外，通过研究世界贸易组织的谈判进程，未来还可能达成的知识产权复边主义协议是有关视听服务和计算机服务的协议。此外，正在谈判的《跨大西洋贸易与投资伙伴关系协定》（TTIP）是两个知识产权强保护的利益群体的博弈，其最终确定的条文必对知识产权国际保护标准产生影响。另外，美国和欧盟在《跨大西洋贸易与投资伙伴关系协定》（TTIP）中关于知识产权执法达成的妥协值得研判，这直接关系到《反假冒贸易协议》（ACTA）的生效。一旦《反假冒贸易协议》（ACTA）生效将重塑国际知识产权执法体系。

第五章

通过争端解决和国际法裁定应对 TRIPS - plus 造法

第一节　概述

《与贸易有关的知识产权协定》(TRIPS) 是世界贸易组织框架下的三大多边协定之一，也是到目前为止最全面的知识产权国际保护协定。它不仅仅吸收了《巴黎公约》、《伯尔尼公约》、《罗马公约》等多个知识产权国际公约的基本条款，而且还引入了知识产权争端解决机制。《与贸易有关的知识产权协定》(TRIPS) 第 64 条规定：成员间就知识产权的争端适用世界贸易组织《关于争端解决的规则与程序的谅解》(DSU) 所规定的争端解决机制。到目前为止，世界贸易组织争端解决机制涉及《与贸易有关的知识产权协定》(TRIPS)

的争端共有 34 起，[1] 包括：著作权案件 10 起，邻接权案件 3 起[2]，商标案件 9 起，地理标志案件 4 起，专利案件 11 起，转运中的替代性药物案件 2 起，其他案件 2 起。

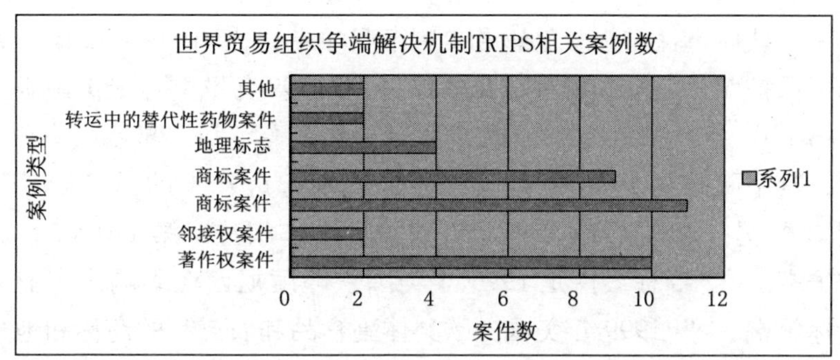

图 2 世界贸易组织争端解决机制 TRIPS 相关案例数[3]

10 起著作权案件中只有中国－美国知识产权争端[4]是发生在发展中国家和发达国家之间的，其余 9 起都发生在美国、日本、欧盟及欧盟各成员国之间，分别为：1996 年美国－日本音乐制品著作权争端，[5] 1996 年欧共体－日本音乐制品著作权争端，[6]

---

〔1〕 截至目前，共有 34 起 TRIPS 争端。在著作权案件和商标案件中重复计算了 2007 年中美知识产权争端案件，而且在商标案件和地理标志案件中重复计算了多米尼加共和国、古巴和印度尼西亚对澳大利亚烟草包装的关于商标和地理标志的磋商，参见 http://www.wto.org/english/tratop_e/dispu_e/dispu_subjects_index_e.htm#selected_subject，访问日期：2014 年 8 月 25 日。

〔2〕 邻接权的 3 起案件中 2 起案件是关于录音制品的，1 起案件是关于酒吧中的音乐的。

〔3〕 该图由笔者根据世界贸易组织网站提供的数据整理。

〔4〕 WT/DS362/7.

〔5〕 DS28，参见 http://www.wto.org/english/tratop_e/dispu_e/cases_e/ds28_e.htm，访问日期：2014 年 8 月 25 日。

〔6〕 DS42，参见 http://www.wto.org/english/tratop_e/dispu_e/cases_e/ds42_e.htm，访问日期：2014 年 8 月 25 日。

1997 年美国－爱尔兰拒绝保护部分著作权和领接权争端，[1] 1997 年美国－丹麦知识产权民事救济程序中缺少临时措施争端，[2] 1997 年美国－瑞典知识产权民事救济程序中缺少临时措施争端，[3] 1998 年美国－欧共体拒绝保护部分著作权和领接权争端，[4] 1998 年美国－欧共体不保护部分电影和电视节目争端，[5] 1998 年美国－希腊不保护部分电影和电视节目争端，[6] 1999 年欧共体－美国版权法第 110（5）条拒绝保护播放背景音乐争端。[7] 邻接权案件 3 起，其中两起是 1996 年美国和欧盟分别起诉日本的录音制品争端，[8] 另一起是 1999 年欧盟针对美国著作权法案第 110（5）款的争端。[9] 商标案件是 1996 年美国－印度尼西亚影响汽车业的商标争端，[10] 1999 年美国－欧共体副食品和农产品的商标和地理

〔1〕 DS82，参见 http://www.wto.org/english/tratop_ e/dispu_ e/cases_ e/ds82_ e.htm，访问日期：2014 年 8 月 25 日。

〔2〕 DS83，参见 http://www.wto.org/english/tratop_ e/dispu_ e/cases_ e/ds83_ e.htm，访问日期：2014 年 8 月 25 日。

〔3〕 DS86，参见 http://www.wto.org/english/tratop_ e/dispu_ e/cases_ e/ds86_ e.htm，访问日期：2014 年 8 月 25 日。

〔4〕 DS115，参见 http://www.wto.org/english/tratop_ e/dispu_ e/cases_ e/ds115_ e.htm，访问日期：2014 年 8 月 25 日。

〔5〕 DS124，参见 http://www.wto.org/english/tratop_ e/dispu_ e/cases_ e/ds124_ e.htm，访问日期：2014 年 8 月 25 日。

〔6〕 DS125，参见 http://www.wto.org/english/tratop_ e/dispu_ e/cases_ e/ds125_ e.htm，访问日期：2014 年 8 月 25 日。

〔7〕 DS160，参见 http://www.wto.org/english/tratop_ e/dispu_ e/cases_ e/ds160_ e.htm，访问日期：2014 年 8 月 25 日。

〔8〕 DS28 和 DS42，参见 http://www.wto.org/english/tratop_ e/dispu_ e/dispu_ subjects_ index_ e.htm#selected_ subject，访问日期：2014 年 8 月 25 日。

〔9〕 DS160，参见 http://www.wto.org/english/tratop_ e/dispu_ e/dispu_ subjects_ index_ e.htm#selected_ subject，访问日期：2014 年 8 月 25 日。

〔10〕 DS59，参见 http://wto.org/english/tratop_ e/dispu_ e/cases_ e/ds59_ e.htm，访问日期：2014 年 8 月 25 日。

标志争端，〔1〕2007 年中美知识产权争端中关于商标的部分争端，2012 年起乌克兰、洪都拉斯、多米尼加共和国、印度尼西亚、古巴 5 国先后在世界贸易组织争端解决机构提出针对澳大利亚的烟草包装上商标的措施的磋商。〔2〕地理标志案件是 2003 年澳大利亚 - 欧共体副食品和农产品的商标和地理标志争端〔3〕和 2012 年多米尼加共和国、古巴、印度尼西亚针对澳大利亚烟草包装上地理标志的措施的磋商。专利的 11 起争端为 1996 年美国 - 印度不对药品和农业化学品的保护争端，〔4〕1996 年美国 - 葡萄牙不对药品和农业化学品的保护争端，〔5〕1996 年美国 - 巴基斯坦不对药品和农业化学品的保护争端，〔6〕1997 年欧共体 - 印度不对药品和农业化学品的保护争端，〔7〕1998 年加拿大 - 欧共体延长药品和农业化学品保护的期限争端〔8〕和欧共体 - 加拿大不对药品和农业化学

〔1〕 DS174，参见 http://www. wto. org/english/tratop_ e/dispu_ e/cases_ e/ds174_ e. htm，访问日期：2014 年 8 月 25 日。

〔2〕 DS434，DS435，DS441，DS458 和 DS467，参见 http://www. wto. org/english/tratop_ e/dispu_ e/dispu_ subjects_ index_ e. htm#selected_ subject，访问日期：2014 年 8 月 25 日。

〔3〕 DS290，参见 http://www. wto. org/english/tratop_ e/dispu_ e/cases_ e/ds174_ e. htm，访问日期：2014 年 8 月 25 日。

〔4〕 DS50，参见 http://www. wto. org/english/tratop_ e/dispu_ e/cases_ e/ds50_ e. htm，访问日期：2014 年 8 月 25 日。

〔5〕 DS37，参见 http://www. wto. org/english/tratop_ e/dispu_ e/cases_ e/ds36_ e. htm，访问日期：2014 年 8 月 25 日。

〔6〕 DS36，参见 http://www. wto. org/english/tratop_ e/dispu_ e/cases_ e/ds36_ e. htm，访问日期：2014 年 8 月 25 日。

〔7〕 DS79，参见 http://www. wto. org/english/tratop_ e/dispu_ e/cases_ e/ds79_ e. htm，2014 年 8 月 25 日。

〔8〕 DS114，参见 http://www. wto. org/english/tratop_ e/dispu_ e/cases_ e/ds114_ e. htm，2014 年 8 月 25 日。

品的保护争端[1] 1999 年美国 - 加拿大专利保护期限争端,[2] 1999 年美国 - 阿根廷不对药品和农业化学品的保护争端,[3] 2000 年美国 - 阿根廷药品的专利保护和农业化学品实验数据的保护争端,[4] 2000 年美国 - 巴西《专利法》争端[5] 和 2001 年巴西 - 美国《专利法》争端。[6] 两起转运中的替代性药物争端都发生在 2010 年,分别是印度 - 欧盟及荷兰争端[7] 和巴西 - 欧盟及荷兰争端。[8] 此外,还有 1999 年欧共体 - 美国《综合拨款法》第 211 节拒绝对部分商标提供保护争端[9] 和 2000 年欧共 - 诉美国"337 条"争端。[10] 综上,各年度 TRIPS 案例数如下图,个别年份没有相关案例就没有列举。

---

〔1〕 DS153, 参见 http://www.wto.org/english/tratop_e/dispu_e/cases_e/ds153_e.htm, 2014 年 8 月 25 日。

〔2〕 DS170, 参见 http://www.wto.org/english/tratop_e/dispu_e/cases_e/ds170_e.htm, 访问日期: 2014 年 8 月 25 日。

〔3〕 DS171, 参见 http://www.wto.org/english/tratop_e/dispu_e/cases_e/ds171_e.htm, 访问日期: 2014 年 8 月 25 日。

〔4〕 DS196, 参见 http://www.wto.org/english/tratop_e/dispu_e/cases_e/ds196_e.htm, 访问日期: 2014 年 8 月 25 日。

〔5〕 DS199, 参见 http://www.wto.org/english/tratop_e/dispu_e/cases_e/ds199_e.htm, 访问日期: 2014 年 8 月 25 日。

〔6〕 DS224, 参见 http://www.wto.org/english/tratop_e/dispu_e/cases_e/ds224_e.htm, 访问日期: 2014 年 8 月 25 日。

〔7〕 DS408, 参见 http://www.wto.org/english/tratop_e/dispu_e/cases_e/ds408_e.htm, 访问日期: 2014 年 8 月 25 日。

〔8〕 DS409, 参见 http://www.wto.org/english/tratop_e/dispu_e/cases_e/ds409_e.htm, 访问日期: 2014 年 8 月 25 日。

〔9〕 DS176, 参见 http://www.wto.org/english/tratop_e/dispu_e/cases_e/ds176_e.htm, 访问日期: 2014 年 8 月 25 日。

〔10〕 DS186, 参见 http://www.wto.org/english/tratop_e/dispu_e/cases_e/ds186_e.htm, 访问日期: 2014 年 8 月 25 日。

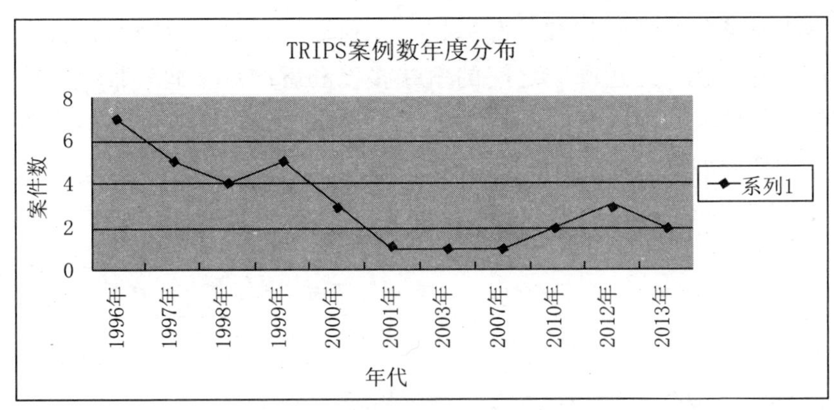

图 3　TRIPS 案例数年度分布[1]

可见，《与贸易有关的知识产权协定》（TRIPS）成立之初，世界贸易组织成员多运用争端解决机制提起磋商，2001 年到 2009 年之间很少有成员选用世界贸易组织争端解决机制，近两年来又有一些发展中国家对发达国家就知识产权问题在世界贸易组织争端解决机制中提起磋商。分析上述案件发现：一半的争端是发生在发达国家之间，发生在发达国家和发展中国家之间的争端共 17 起，其中有 8 起[2]是由发展中国家提起磋商的，接近发达国家和发展中国家之间的争端的半数，而且这 8 起案件都还在磋商中。在全部 34 起争端中，有 15 起达成和解协议，以上 8 起案件无论提出磋商的时间早晚目前仍处在磋商中，详情如下。

第一，发达国家之间的 TRIPS 争端（如下表 3）多发生在《与贸易有关的知识产权协定》（TRIPS）刚签订的前几年，涉及的

---

〔1〕 该图由笔者根据世界贸易组织网站提供的数据整理。

〔2〕 8 起案件分别为：DS224 巴西 - 美国，DS408 印度 - 美国，DS409 巴西 - 美国，DS434 乌克兰 - 澳大利亚，DS435 洪都拉斯 - 澳大利亚，DS441 多米尼加共和国 - 澳大利亚，DS458 古巴 - 澳大利亚和 DS467 印度尼西亚 - 澳大利亚。

案由是著作权、邻接权、商标权、专利权、知识产权执行以及美国贸易条款。发达国家之间的争端多以和解结束，此外根据专家组建议修改本国法的也较多，但只有1件是授权报复的，还有两件提起磋商后无后续进展。

表3　TRIPS 争端中发达国家之间提起磋商〔1〕

案号	时间	主体	案由	结果
DS290	2003	澳大利亚－欧盟	商标、地理标志	执行专家组报告
DS186	2000	欧盟－美国	美国337条款	提起磋商，无后续进展
DS176	1999	美国－欧盟	综合拨款法案	遵循建议，修改法律
DS174	1999	美国－欧盟	商标、地理标志	遵循建议，修改法律
DS170	1999	美国－加拿大	专利	遵循建议，修改法律
DS160	1999	欧盟－美国	著作权	授权报复
DS153	1998	加拿大－欧盟	专利	提起磋商，无后续进展
DS125	1998	美国－希腊	著作权	和解
DS124	1998	美国－欧盟	著作权	和解
DS115	1998	美国－欧盟	著作权	和解
DS114	1997	欧盟－加拿大	专利	遵循建议，修改法律
DS86	1997	美国－瑞典	知识产权执行	和解
DS83	1997	美国－丹麦	知识产权执行	和解

〔1〕 该表由笔者根据世界贸易组织网站提供的数据整理。

续表

案号	时间	主体	案由	结果
DS82	1997	美国 - 爱尔兰	著作权	和解
DS42	1996	欧盟 - 日本	著作邻接权	和解
DS37	1996	美国 - 葡萄牙	专利	和解
DS28	1996	美国 - 日本	著作邻接权	和解

第二，发达国家针对发展中国家提起的 TRIPS 争端解决（如下表 4）共有 9 起，案由也涉及著作权、商标、专利，其中一半案例以和解结束，而另一半案例遵循专家组建议修改了本国法律，此外欧盟和中国还就金融信息服务达成了谅解备忘录。研究下表不难发现：发达国家提起的针对发展中国家的磋商，都实现了其磋商目的，保证了本国利益。而且发达国家提起争端解决的国家多为人口较多、经济发展目前相对落后但日后可能较快发展的新兴经济体国家，比如中国、巴西、印度等。

表 4　TRIPS 争端中发达国家针对发展中国家提起磋商〔1〕

案号	时间	主体	案由	结果
DS372	2008	欧盟 - 中国	信息服务	和解，达成谅解备忘录
DS362	2007	美国 - 中国	著作权	遵循建议，修改法律
DS199	2000	美国 - 巴西	专利	和解
DS196	2000	美国 - 阿根廷	专利数据保护	和解
DS171	1999	美国 - 阿根廷	专利	和解

〔1〕该表由笔者根据世界贸易组织网站提供的数据整理。

续表

案号	时间	主体	案由	结果
DS79	1997	欧盟－印度	专利	遵循建议，修改法律
DS59	1996	美国－印度尼西亚	商标	遵循建议，修改法律
DS50	1996	美国－印度	专利	遵循建议，修改法律
DS36	1996	美国－巴基斯坦	专利	和解

第三，在世界贸易组织争端解决机制下发展中国家也跃跃欲试，特别是近5年来开始运用世界贸易组织争端解决机制来维护本国利益，敢于向发达国家“叫板”，提起磋商请求，并且持续推进专家组的组成，足见发展中国家开始利用规则保护本国利益。无独有偶，最近的几个案例都集中在地理标志领域。

表5 TRIPS 争端中发展中国家针对发达国家提起磋商〔1〕

案号	时间	主体	案由	结果
DS467	2013	印度尼西亚－澳大利亚	商标、地理标志	提起磋商，组成专家组
DS458	2013	古巴－澳大利亚	商标、地理标志	提起磋商，组成专家组
DS441	2012	多米尼加－澳大利亚	商标、地理标志	提起磋商，组成专家组
DS435	2012	洪都拉斯－澳大利亚	商标、地理标志	提起磋商，组成专家组

〔1〕 该表由笔者根据世界贸易组织网站提供的数据整理。

续表

案号	时间	主体	案由	结果
DS434	2012	乌克兰 – 澳大利亚	商标	提起磋商，组成专家组
DS409	2010	巴西 – 欧盟	转运中的替代药	仍在磋商
DS408	2010	印度 – 欧盟	转运中的替代药	仍在磋商
DS224	2001	巴西 – 美国	专利	仍在磋商

综上，在世界贸易组织争端解决机构最活跃的发展中国家是巴西和印度。在没有足够的实力或掌握足够的立法技术去左右 TRIPS – plus 立法时，只能通过世界贸易组织争端解决机构来挑战不符合《与贸易有关的知识产权协定》（TRIPS）规定的 TRIPS – plus 标准。所以要了解国际法中可以用来解释 TRIPS – plus 法律的条款，并研究国际争端中《与贸易有关的知识产权协定》（TRIPS）解释的司法实践，从而判断世界贸易组织争端解决机构会怎样解释 TRIPS – plus 法律，为 TRIPS – plus 的发展提供可预见性。

本章介绍通过争端解决和国际法裁定应对 TRIPS – plus 造法，共包括四小节的内容：第一节概括介绍了本章的内容；第二节阐释了国际法在解释 TRIPS – plus 标准时的问题，包括国际法中的相关条款，上诉机构对国际法的运用和运用国际法解释 TRIPS – plus 标准；第三节阐释了最新的世界贸易组织争端解决机制中《与贸易有关的知识产权协定》（TRIPS）解释的司法实践，这其实也是对个别 TRIPS – plus 标准的合法性的解释；第四节是对本章的总结。

第二节 国际法在解释 TRIPS - plus 法律时的作用

一、国际法中的相关条款

为了照顾条约各方的利益，所有的法律都有一些未决的方面，甚至可能故意含糊不清以保证法律在社会发展较快而滞后时的可适性。《与贸易有关的知识产权协定》（TRIPS）也一样，在起草时不能预见未来发生的每个问题，而且《与贸易有关的知识产权协定》（TRIPS）本身又是多方利益的调和，所以条文中有很多需要解释的地方。正如《关于争端解决规则与程序的谅解》第 3.2 条所规定的，世界贸易组织争端解决机制的目的之一就是澄清条文的含义，从而为全球贸易提供安全和可预见性。由于《关于争端解决规则与程序的谅解》第 3.2 条、《维也纳条约法公约》第 31 条和第 32 条的规定，国际法影响到《与贸易有关的知识产权协定》（TRIPS）条款和 TRIPS - plus 条款的解释。在剖析国际法解释 TRIPS - plus 条款之前，先要介绍此种解释的上述主要法律条款。

（一）《关于争端解决规则与程序的谅解》第 3.2 条

《关于争端解决规则与程序的谅解》第 3.2 条阐释了世界贸易组织争端解决的宗旨和解释世界贸易组织条款的方法："世界贸易组织的争端解决机制是给多边贸易体系提供安全和可预见性的一个中心因素。成员承认它可以维护成员在所涵盖协定下的权利和义务，可以依照国际公法关于解释的通常规则澄清那些协定的现行条款。争端解决机构的建议和裁决不会对所涵盖协定之下的权利和义务有所增加或减少。"在世界贸易组织争端中运用国际法，《关于争端解决规则与程序的谅解》第 3.2 条做出了两项原则规定：其一，国际公法只为世界贸易组织协定的解释提供“通常规则”，所以国际公法也为《与贸易有关的知识产权协定》（TRIPS）的解释提供“通常规则”，在面对 TRIPS - plus 问题时也应根据国际公法的通常规则进行解释；其二，如果运用国际公法的通常规则的解释等同于增加或者减少世界贸易组织协定之下的权利和义务，则其不能用来替代或者补充世界贸易组织的各项规定，所以运用国际公法的通常规则的解释不能替代或补充《与贸易有关的知识产权协定》（TRIPS）的规定，更不能创设 TRIPS - plus 条款。

（二）《维也纳条约法公约》第 31 条和第 32 条

世界贸易组织争端解决机制要求“按照国际公法解释的习惯规则来阐明协定的现有规定”〔1〕。所谓国际公法解释的习惯规则就是指《维也纳条约法公约》第 31 条规定的“条约解释的通则”和第 32 条规定的“条约解释的补充资料”。上诉机构已经在多个案件中确定了《维也纳条约法公约》第 31 条和第 32 条有关解释的习惯规则地位，比如早在 1996 年委内瑞拉诉美国再配方和普通汽油案〔2〕中，上诉机构就适用《维也纳条约法公约》第 31 条和第 32 条规定的解释规则来阐明世界贸易组织协定的规定，虽然美国当时还不是《维也纳条约法公约》的成员，〔3〕但《维也纳条约法公约》的第 31 条和第 32 条已经构成国际习惯法的一部分，因而普遍适用。在世界贸易组织争端解决中，最重要的是《维也纳条约法公约》第 31 条和第 32 条的规定，其中第 31 条规定解释的通则：“①条约应就其用语按其上下文并参照条约的目的及宗旨所具有的通常含义，善意地予以解释。②就解释条约而言，上下文

〔1〕《关于争端解决规则与程序的谅解》第 3.2 条。

〔2〕 WT/DS2/AB/R 上诉机构报告。

〔3〕 参见 http://treaties.un.org/Pages/ViewDetailsIII.aspx? &src = TREATY&mtdsg_no = XXIII ~ 1&chapter = 23&Temp = mtdsg3&lang = en，访问日期：2014 年 8 月 25 日。

除指连同序言及附件在内的条文外，并应包括：（a）该条约的全体当事国之间就该条约的缔结所订立的与该条约有关的任何协定；（b）该条约一个或几个当事国因缔结条约所订并经其他当事国接受为与该条约有关的任何文书。③应与上下文一并考虑的尚有：（a）该条约各当事国之间嗣后所订立的关于该条约的解释或其规定的适用的任何协定；（b）确定该条约各当事国对该条约的解释意思一致的该条约适用方面的任何嗣后惯例。（c）适用于该条约各当事国之间的关系的任何有关国际法规则。④如经确定该条约各当事国意在把一个用语使用于某一特殊意义，就应认其具有该特殊意义。"《维也纳条约法公约》第32条规定解释的补充资料："为了证实由于适用第31条所得的意义，或按照第31条做出的解释：（a）所得到的意义不明或难解时；或（b）导致显然荒谬或不合理的结果时，为确定该用语的意义，得使用补充的解释资料，包括该条约的准备资料及其缔约的情况在内。"

根据《维也纳条约法公约》第31.1条的规定，上诉机构在对《与贸易有关的知识产权协定》（TRIPS）解释时，非常重视《与贸易有关的知识产权协定》（TRIPS）各条的规定主要通过查字典来理解字面含义，然后再分析《与贸易有关的知识产权协定》（TRIPS）条文的联系，最后辅以《与贸易有关的知识产权协定》（TRIPS）的目的或宗旨。这意味着对《与贸易有关的知识产权协定》（TRIPS）的解释要遵从原文，尤其是在确定特定用词的"通常含义"时。下面的2007年中国-美国知识产权争端中关于"商业规模"的界定，则体现了上诉机构对于《维也纳条约法公约》第31.1条的严格遵守。此外，上诉机构有时借助《维也纳条约法公约》的第31.3条第（c）款来引用国际法进行解释。

二、世界贸易组织争端解决上诉机构运用国际法的解释

《关于争端解决规则与程序的谅解》并没有确定世界贸易组织争端解决中的专家组或者上诉机构应“遵循先例”[1]的原则。所以专家组和上诉机构的报告原则上不具有约束力，除非是针对解决发生在争端当事方之间的特定争端，[2]比如 1995 年欧共体、加拿大和美国相继向世界贸易组织争端解决机构就日本酒精饮料税提起磋商案。但是上诉机构认为专家组和上诉机构的报告对于世界贸易组织成员方来说，可以产生合法的预期，所以只要这些专家组和上诉机构的报告对世界贸易组织中发生的争端有参考作用就应当给予考虑。这也是为什么张月姣法官曾强调研究世界贸易组织已决的争端非常重要。同时，《国际法院规约》第 59 条也规定国际法院（ICJ）所作裁决不具有约束力，除非针对当事方之间的特定案例，但这并不妨碍国际法院注重以往判决的价值从而形成一套判例法。其实在 2004 年 11 月 29 日上诉机构就“阿根廷诉美国产油国管型货品定期检查”的报告[3]中就指出：“遵从先例，不仅是恰当的，而且可能也是专家组所期望的，特别是争端所涉问题相同的情况下。”由于《关于争端解决规则与程序的谅解》第 3. 2 条阐释了世界贸易组织争端解决的宗旨就是“给多边贸易体系提供安全和合理预期”，所以专家组和上诉机构的报告一般都与“先例”保持一致，这样有利于世界贸易组织成员方建构与世界贸易组织义务相一致的贸易法律制度。由此可见，虽然少数争端中专家组不遵从特定的上诉机构的裁决，[4]但上诉机构在

---

〔1〕判例法国家多规定“遵循先例”的原则，比如美国。

〔2〕WT/DS8/AB/R，WT/DS10/AB/R，WT/DS11/AB/R 上诉机构报告。

〔3〕WT/DS268/AB/R 上诉机构报告。

〔4〕WT/DS46/RW/2 通告。

未来争端中将尽量与之前的裁决保持一致。综上，世界贸易组织成员对于世界贸易组织争端解决机构的既往案例没有遵守的义务，但对于特定主体间争端所涉问题相同的情况下应该遵循先例，世界贸易组织争端解决机构——专家组和上诉机构的报告都有义务与“先例”保持一致，以给多边贸易体系提供安全和合理预期。

上诉机构确定争端中的焦点的“通常含义”时主要包括：国际条约的参考作用和确定“通常含义”的解释时间点。国际条约的参考作用，以1996年印度、马来西亚、巴基斯坦和泰国就美国进口虾的禁令提请世界贸易组织争端解决机构磋商为例，[1] 美国实行禁令是为了保护海龟，即在捕捞虾的时候不应捕捞到海龟。案件的焦点在于对“与保护可枯竭自然资源有关的措施”的理解上，因为美国主张海龟是“可枯竭的自然资源”。上述机构在解释“可枯竭自然资源”时，根据《维也纳条约法公约》第31.1条的规定可以借助国际法律文件证明有关词语的通常含义。[2] 对于“可枯竭”参考了《关于濒危野生动植物物种的国际贸易公约》；对于“自然资源”参考了《联合国海洋公约法》、《生物多样性公约》和与《迁徙物种公约》连带通过的“关于帮助发展中国家的决议”等国际法律文件。争端中的当事方可能并不都是以上国际公约的成员，但上诉机构在确定“可枯竭自然资源”时依然参考了上述国际公约。在确定“通常含义”时，是采用条约缔结时的含义还是采用条约被解释时的含义？通常状况下，条约的“通常含义”应当是条约缔结时的含义。《维也纳条约法公约》第31.1条不仅提到了“通常含义”，还提到了“目的和宗旨”，而且《维也纳条约法公约》第32条明确规定第31条解释的补充资料。可

---

[1] DS58，参见 http://www.wto.org/english/tratop_e/dispu_e/cases_e/ds58_e.htm，访问日期：2014年8月25日。

[2] WT/DS58/AB/R 上诉机构报告。

见解释的目的在于阐明世界贸易组织法律条文的含义，而不在于追本溯源地调查缔约方缔约时的意图，所以上诉机构在解释世界贸易组织条文的通常含义时不应拘囿于世界贸易组织协定起草时存在的国际法，而是应找出最适合解释当下问题的国际公约，包括现代的国际公约和宣言以及国际社会近来针对问题采取的双边或多边协调行动的共识。

《维也纳条约法公约》第 31.3 条第（c）款应当“适用于当事国间关系之任何有关国际法规则”进行解释。根据此规定，专家组和上诉机构可以运用不属于世界贸易组织法律的其他国际法规则来解释世界贸易组织规定，包括双边、区域或复边等的协定。但是在运用《维也纳条约法公约》第 31.3 条第（c）款在解释世界贸易组织法律时，需要解决：什么样的国际法规则可以使用？什么是“适用于当事国间关系之任何有关国际法规则”？《国际法院规约》第 38 条回答了怎样的国际法规则可以使用，其规定：“①法院对于陈述各项争端，应依国际法裁判，裁判时应适用：（a）不论普通或特别国际公约，只要为诉讼当事国明确承认的国际公约。（b）国际惯例，用以证明一种普遍的做法已被接受为法律。（c）一般法律原则被文明各国所承认。（d）在第 59 条规定之下，司法判例及各国权威最高之公法学家的学说，作为确定法律原则的补助资料。②前项规定不妨碍法院经当事国同意的‘公序良俗原则’的裁判权。”可见，国际公约、国际惯例、一般法律原则和作为补充的各国司法判例以及权威学者学说都可以用来解释世界贸易组织协定的条文，在运用上述国际法规则解释世界贸易组织条文时，不得违反公序良俗原则。关于何种法律是“适用于当事国间关系之任何有关国际法规则”，专家组在援引只有一些世界贸易组织成员参加的国际公约时往往持有谨慎态度，它在确定一个词的通常含义时运用这样的公约是作为“事实”参考而不是作为“法律”参考。[1]

三、运用国际法解释 TRIPS - plus 标准

法律解释的方法有多种，包括文义解释、目的解释、体系解释、历史解释、比较法解释、社会学解释，等等。《维也纳条约法公约》第 31 条和第 32 条涉及的解释方法主要有：文义解释、体系解释、目的解释和历史解释。选择不同的解释方法往往会对最终的裁决有关键意义。运用国际法解释 TRIPS - plus 的问题主要涉及两类：TRIPS - plus 条文和 TRIPS - plus 协定。当然这两类 TRIPS - plus 问题并不是泾渭分明，因为 TRIPS - plus 协定中的条文都是 TRIPS - plus 条文。所谓 TRIPS - plus 条文是指在双边、区域贸易投资保护协议中所涉及的超出 TRIPS 规定的“高标准”或新的知识产权保护标准。此处所指的 TRIPS - plus 条文是狭义概念，不包括 TRIPS - plus 协定中的条文。所谓 TRIPS - plus 协定是指后 TRIPS 时代发达国家向发展中国家输送其知识产权保护标准的主要法律形态，比如上一章中提到的《反假冒贸易协议》（ACTA）。在运用国际法对 TRIPS - plus 问题进行解释时，其实也是在审查 TRIPS - plus 条文和 TRIPS - plus 协定中的 TRIPS - plus 标准是否违反了世界贸易组织特别是《与贸易有关的知识产权协定》（TRIPS）规定的义务，而对其他世界贸易组织成员构成歧视的待遇。[2]

（一）专利保护期限

1999 年美国就加拿大 1989 年 10 月 1 日前授予的专利保护期限向世界贸易组织争端解决机构提出磋商请求。美国主张世界贸易组织成员自加入世界贸易组织协定之日应该根据《与贸易有关

〔1〕 WT/DS241/R 专家组报告。

〔2〕 下文 2011 年印度和巴西诉荷兰扣押转口替代性药物的案例，就是要解释 TRIPS - plus 标准。

的知识产权协定》（TRIPS）第 33 条给予专利自申请之日起不少于 20 年的保护期限。美国指控，基于加拿大专利法案，加拿大给予 1989 年 10 月 1 日之前的专利“自授予专利之日起 17 年”的保护，此规定违反了《与贸易有关的知识产权协定》（TRIPS）第 33 条“保护期限”、第 65 条“过渡性安排”和第 70 条“对现有客体的保护”的规定。美国就加拿大专利保护期限提出磋商请求的焦点在于对《与贸易有关的知识产权协定》（TRIPS）第 33 条的理解，即加拿大专利法第 45 条是否履行了《与贸易有关的知识产权协定》（TRIPS）第 33 条规定的“保护期限”义务。其中第 33 条规定的“可获得（available）”成了专家组解释的重点。

专家组在解释《与贸易有关的知识产权协定》（TRIPS）第 33 条时，[1] 首先，查阅了《布莱克法律词典》以确定“可获得”的字面含义。所谓“可获得”是指“有足够的力量”，“有效性”，“有效的”和“有法律约束力的”。其次，专家组考察了《与贸易有关的知识产权协定》（TRIPS）中关于各类知识产权保护期限的规定以推断“可获得”的可能含义。通过考察，专家组发现：《与贸易有关的知识产权协定》（TRIPS）第 26 条规定工业设计“可获得”的保护期限不得少于 10 年；《与贸易有关的知识产权协定》（TRIPS）第 18 条规定商标的保护期限没有“可获得”；《与贸易有关的知识产权协定》（TRIPS）第 38.1 条规定集成电路布图设计也没有“可获得”；同样，《与贸易有关的知识产权协定》（TRIPS）中关于版权及其相关权利的保护期限也没有“可获得”的规定。由此专家组推断《与贸易有关的知识产权协定》（TRIPS）第 33 条“可获得”是指事实上专利持有人为获得专利保护需要每年向有关专利主管部门缴纳一定费用，然后专利主管部门确认专

---

〔1〕 WT/DS170/R 专家组报告。

利持有人“获得”专利期限保护，所以《与贸易有关的知识产权协定》（TRIPS）第 33 条“可获得”的是事实上的权利。最后，专家组还根据《与贸易有关的知识产权协定》（TRIPS）上下文的意思，即《与贸易有关的知识产权协定》（TRIPS）第 62 条“知识产权的取得和维持及当事方之间的相关程序”中第 1 款和第 4 款来确定《与贸易有关的知识产权协定》（TRIPS）第 33 条的确切含义，即各成员可要求“符合合理的程序和手续”作为取得或维持知识产权的一项条件。通过考察，专家组认为不可能期待专利申请人利用《与贸易有关的知识产权协定》（TRIPS）第 62. 1 条和 62. 4 条规定的程序来满足《与贸易有关的知识产权协定》（TRIPS）第 33 条所规定的专利保护期限。综上，专家组得出结论，加拿大专利法案第 45 条与《与贸易有关的知识产权协定》（TRIPS）第 33 条规定的义务不一致。上诉机构的报告认为，专家组正确地解释了《与贸易有关的知识产权协定》（TRIPS）第 33 条，也得出了正确结论。[1] 2000 年 10 月 23 日，在世界贸易组织争端解决机构的会议上，加拿大请求一段合理的时间来执行争端解决机构的建议和裁决。2001 年 7 月 12 日，加拿大“S－17”法案生效，至此加拿大专利法案符合了《与贸易有关的知识产权协定》（TRIPS）第 33 条规定的义务。2001 年 7 月 24 日，加拿大通知争端解决机构已经履行其建议和裁决。可见美国对于知识产权期限利益的锱铢必较，以及专家组的谨慎解释。

事实上，《与贸易有关的知识产权协定》（TRIPS）第 33 条规定的“可获得的保护期限不得在自申请之日起计算的 20 年期满前结束”，与加拿大给予 1989 年 10 月 1 日之前的专利“自授予专利之日起 17 年”的保护，这两个保护期限很难说哪一个对专利的保

〔1〕 WT/DS170/AB/R 上诉机构报告。

护期限更长。《与贸易有关的知识产权协定》（TRIPS）规定的是“自申请之日起”，但加拿大法案规定的是“自授予专利之日起”。有些专利的审查时间可能很长，比如药品专利，美国专利保护期限之所以从先前的 14 年延长到 20 年，主要也是因为专利申请的审查到授予专利的时间一般要 6 ~ 8 年，所以美国专利法才延长了专利保护期限。而且自申请之日起保护专利，也符合前述美国主张的授予专利后才能提出专利异议的理念，美国的专利保护是有一个“自洽”的系统的，而且美国会通过国际立法、司法实践将其理念不断向外推广，让越来越多的国家符合“美国标准”，以便美国的跨国企业在世界经济交往中通行无阻。

（二）药品的专利保护和农业化学品的实验数据保护

2000 年，美国就阿根廷药品的专利保护和农业化学品实验数据的保护向世界贸易组织争端解决机构提出磋商请求。美国指控阿根廷：①不禁止未披露信息或者为了获得市场准入而披露的农业化学品实验数据的不正当商业利用；②不当的排除一些可授予专利的知识产权客体，比如微生物；③不规定及时有效的临时措施，比如规定侵犯专利发生的临时禁令；④拒绝保护某些专利专有权，比如用专利方法生产产品的专有权；⑤不规定授予强制许可的保障措施；⑥在民事诉讼中不恰当地限制有关当局的举证责任；⑦为了限制授予其专利和否认专利申请人修正暂停的申请程序，制定某些过渡专利（transitional patents）的不许可限制。因此，美国认为阿根廷规定专利和数据保护的法律不符合《与贸易有关的知识产权协定》（TRIPS）第 27 条“可授予专利的客体”，第 28 条“授予的权利”，第 31 条“未经权利持有人授权的其他使用”，第 34 条“方法专利”，第 39 条“未披露信息的保护”，第 50 条“临时措施”，第 62 条“知识产权的取得和维持及当事方之间的相关程序”，第 65 条“过渡性安排”和第 70 条“对现有客体的保护”规定的义务。2002 年 5 月 31 日阿根廷和美国通知争端解决机构他们已就美国提出磋商请求达成协议。此案例最终和解，但是却以阿根廷放弃《与贸易有关的知识产权协定》（TRIPS）协定第 65 条给予发展中国家的过渡期安排而全面提高知识产权保护标准为代价。其实早在 1999 年美国已经就阿根廷不保护药品和农业化学品向世界贸易组织争端解决机构提出磋商请求，该案和上述 2000 年案件一同达成和解协议。在阿根廷和美国和解协议中，阿根廷不但放弃了“过渡期安排”，而且还接受了一些高于《与贸易有关的知识产权协定》（TRIPS）规定的知识产权保护标准。可见，通过世界贸易组织争端解决机构的磋商促使缔约国在其国内提高知识产权保护标准也是美国 TRIPS－plus 造法的方式之一。

第三节　国际争端解决中《与贸易有关的知识产权协定》（TRIPS）解释的司法实践

如果说中国－美国知识产权争端是美国为其在知识产权执法领域的 TRIPS－plus 造法做铺垫，那么印度和巴西对欧盟和荷兰在世界贸易组织争端解决机构提起的磋商其实就是为了阻碍发达国家在知识产权执法中的 TRIPS－plus 造法继续强势发展。

一、2007 年美国和中国知识产权争端

2007 年美国以中国知识产权保护不力为由，就中国知识产权和出版物的有关措施向世界贸易组织争端解决机制提出磋商请求。[1]这是迄今为止唯一一起涉及发达国家和发展中国家的著作

〔1〕 WT/DS362/R 专家组报告。

权磋商案件。美国的请求主要针对刑事处罚、海关措施和著作权法，主要体现在：首先，美国认为中国现有刑事处罚门槛过低，致使具有商业规模但尚未满足中国法律规定规模的假冒商标和盗版行为逍遥法外。〔1〕因此美国声称对于此类假冒盗版产品中国立法未规定《与贸易有关的知识产权协定》（TRIPS）要求使用的刑事程序和刑事处罚。其次，美国主张中国海关处置侵犯知识产权货物的方式不符合《与贸易有关的知识产权协定》（TRIPS）规定的义务。最后，美国认为中国《著作权法》第 4 条“依法禁止出版、传播的作品，不受本法保护”违背《与贸易有关的知识产权协定》（TRIPS）规定的义务。中国拒绝对未经授权出版或传播的作品给予著作权保护。中国和美国世界贸易组织知识产权争端案件在 2009 年初尘埃落定，中国和美国双方都没有上诉。随后，两国政府都在各自的公共媒体宣布胜利。

从案件的诉求来看，美国主要针对两个问题：中国知识产权执法是否履行《与贸易有关的知识产权协定》（TRIPS）规定的义务和中国著作权法不保护“未经授权出版或传播的作品”是否符合《与贸易有关的知识产权协定》（TRIPS）规定的义务。对于知识产权执法问题主要涉及刑事保护和海关保护，这是美国蓄谋已久的，旨在为其在全世界范围内推行更高的知识产权执法标准铺平道路。对于著作权法条的问题，其实是美国对我国法律的一个误读，但从另一个方面反映了我国立法技术欠缺严谨。案结事了，现在再执着地讨论案件结果没有太大意义，但是仔细分析专家组报告很重要。可以对我们的立法、司法实践起到指导作用，也为我国参与制定知识产权国际规定指明道路。

---

〔1〕《中华人民共和国刑法》第 217 条侵犯著作权罪和第 218 条销售侵权复制品罪中都规定“违法所得数额较大或者具有其他严重情节的”才受刑事处罚（包括监禁和罚金等），该门槛太高。

第一，关于知识产权刑事保护规则。《与贸易有关的知识产权协定》（TRIPS）第61条规定："各成员应规定至少将适用于具有商业规模的蓄意假冒商标或盗版案件的刑事程序和处罚。"中美案件的争议点在于"商业规模"，美国认为我国刑事处罚的门槛过高，致使部分假冒盗版侵权行为逍遥法外。专家组报告明确指出："美国未能建立初步证据证明中国的刑事门槛不符合《与贸易有关的知识产权协定》（TRIPS）第61条的规定。"有学者认为，之所以在《与贸易有关的知识产权协定》（TRIPS）第61条规定知识产权的刑事保护，主要是《与贸易有关的知识产权协定》（TRIPS）本身条款相互制约、相互平衡的结果，比如序言、第1.1条"各成员有权在其各自的法律制度和实践中确定实施本协定规定的适当方法"和第41.5条"本部分的任何规定在实施知识产权与实施一般法律的资源分配方面，也不产生任何义务"。〔1〕这也反映出专家组对刑事保护的门槛的处理非常谨慎，固守了《与贸易有关的知识产权协定》（TRIPS）规定的"最低保护标准"。专家组在分析《与贸易有关的知识产权协定》（TRIPS）第1.1条时，认为第1.1条第1句规定了成员的基本义务，即"应实施"本协定的义务；第1.1条第2句澄清了协议只是最低标准，赋予各成员方履行更高标准的自由；第1.1条第3句没有赋予成员履行更低标准的自由，而是赋予成员方选择实施这些规定的适当方法。〔2〕专家组注意到，《与贸易有关的知识产权协定》（TRIPS）第61条规定的"刑事程序"义务只适用于商标和著作权，而不适用于《与贸易有关的知识产权协定》（TRIPS）规定中的其他知识产权；而且只适

〔1〕陈福利："中美WTO知识产权争端启示"，载《知识产权判解研究》2009年第2期。

〔2〕WT/DS362/R专家组报告第1.503、1.513、1.514、1.518、1.519、1.523、1.524段。

用于假冒商标和盗版行为，而不适用于所有侵犯商标和著作权的行为；假冒商标和盗版行为必须为“故意”的行为；必须为具有商业规模的假冒商标和盗版。专家组在解释“商业规模”的过程中，严格按照《维也纳条约法公约》第 31 条和第 32 条展开。首先，查字典中的字面含义。其次，联系《与贸易有关的知识产权协定》(TRIPS) 第 61 条和《与贸易有关的知识产权协定》(TRIPS) 中的其他条文作为上下文。再次，查阅谈判历史。最后，分析有关后续实践。专家组先后分析了美国、中国和有关第三方对“商业规模”的理解。通过分析，专家组强调，“具有商业规模”的假冒商标或盗版指的是在特定市场中，针对特定产品，以典型或通常商业活动的数量或规模进行的假冒商标或盗版行为。[1]换言之，“商业规模”与世界贸易组织各成员方市场和商业环境密切相连，它在《与贸易有关的知识产权协定》(TRIPS) 第 61 条中不存在绝对的单一的明确的标准内涵，它在不同市场的表现形式不同。所以中国刑法规定的“刑事门槛”不违反《与贸易有关的知识产权协定》(TRIPS) 规定义务。

第二，关于知识产权海关保护规则。此案例是世界贸易组织争端机构专家组第一次就《与贸易有关的知识产权协定》(TRIPS) 中知识产权海关规则进行解释。专家组主要对《与贸易有关的知识产权协定》(TRIPS) 第 46 条“海关处置侵权物的原则”，第 51 条“海关中止放行”和第 59 条“救济范围”做了详尽解释。专家组认为第 46 条在第 59 条的背景下，海关处置侵权物的原则依次是：①“不给予任何补偿”下责令处置或销毁；②有权当局应有权责令“将发现的侵权物清除出商业渠道，以避免对权利持有人造成任何损害”；③除非违背现有宪法规定的必要条件，有权当局

〔1〕 WT/DS362/R 专家组报告第 1.576 段。

可以责令销毁发现的侵权物；④在考虑补救请求时，应考虑侵犯知识产权的严重程度和给予的救济以及第三方利益之间的均衡性；⑤除非另有规定外，对于冒牌货，仅除去非法加贴的商标并不足以允许该货物放行进入商业渠道；⑥责令和处理侵权货物的行动目标是“为有效制止侵权”；第 51 条海关边境措施只对进口侵权货物有强制约束力，对于出口侵权货物是任意性约束力；第 59 条的“侵权货物”不限于侵犯某一特定权利的货物，即不仅仅指假冒商标或盗版货物。所以专家组得出以下结论：首先，海关措施适用于出口商品的范围内，所以《与贸易有关的知识产权协定》（TRIPS）第 59 条“救济范围”不可适用于海关措施；其次，因为《与贸易有关的知识产权协定》（TRIPS）第 59 条“救济范围”吸收了《与贸易有关的知识产权协定》（TRIPS）第 46 条规定的“其他补救”原则，所以美国未能证明中国知识产权海关保护措施与《与贸易有关的知识产权协定》（TRIPS）第 59 条不一致；最后，因为《与贸易有关的知识产权协定》（TRIPS）第 59 条吸收了《与贸易有关的知识产权协定》（TRIPS）第 46 条规定的侵权物处置的原则，即在不给予任何补偿的情况下司法机关有权责令将侵权物清除出商业渠道或下令将其销毁，所以中国知识产权海关保护措施违反了《与贸易有关的知识产权协定》（TRIPS）第 59 条规定的侵权物处置的义务。[1]

第三，关于著作权法的规定。除《伯尔尼公约》第 6 条之二外，《与贸易有关的知识产权协定》（TRIPS）各成员应遵守《伯

---

〔1〕 知识产权海关保护，指海关依法禁止侵犯知识产权的货物进出口的措施。美国在世界贸易组织争端解决机构提出磋商的条款主要是《中华人民共和国知识产权海关保护条例》第 27.3 款中规定“被没收的侵犯知识产权货物无法用于社会公益事业且知识产权权利人无收购意愿的，海关可以在消除侵权特征后依法拍卖”。

尔尼公约》的规定。[1] 可见《伯尔尼公约》的规定也就是《与贸易有关的知识产权协定》(TRIPS)标准。专家组报告中指出:《伯尔尼公约》第 5.1 条规定,作者就作品享有权利,以及作者享有“本公约特别授予的权利”[2];《伯尔尼公约》第 17 条还规定成员国政府有控制作品利用的某些权利。可见,任何作品都应该受到著作权法保护,成员国政府有控制作品利用的某些权力,而无权决定是否给予作品著作权。专家组认定,中国《著作权法》第 4(1)条规定“依法禁止出版、传播的作品,不受本法保护”,拒绝给予著作权保护就是拒绝授予著作权。专家组在论证这个结论的过程中,主要采用了体系解释和目的解释的方法。专家组认为:“中国《著作权法》第 4(1)条从表面上看就是,著作权的享有和行使不受制于任何手续要求,但拒绝给予著作权保护,则受制于一个正式的决定。”[3] 专家组还认为:“在法院与国家版权局已经根据某一作品的特点及其被《中华人民共和国著作权法》本身所禁止而拒绝对其提供著作权保护之后,说著作权继续存在不受影响是难以想象的。”[4] 此外专家组对于《伯尔尼公约》第 17 条所用的解释是文义解释。专家组认为,“流通、表演或展览”这 3 个术语并没有穷尽第 17 条所包含的作品的利用方式,因为这 3 个术语与《伯尔尼公约》在赋予实体权利时采用的术语并不对应,比如“展览”一词未在公约赋予的实体性权利的条文中使用过。因此,不能推断出第 17 条授权拒绝对任何作品的全部著作权保护。[5] 最终中国根据专家组的建议修改《著作权法》第 4 条的规定为:“著

[1] 《与贸易有关的知识产权协定》第 9 条。

[2] WT/DS362/R 专家组报告。

[3] WT/DS362/R 专家组报告,第 1.660 段。

[4] WT/DS362/R 专家组报告,第 1.660 段。

[5] WT/DS362/R 专家组报告,第 1.127 段。

作权人行使著作权，不得违反宪法和法律，不得损害公共利益。国家对作品的出版、传播依法进行监督管理。”

二、2010 年印度、巴西和欧盟及荷兰替代药品转口争端

2010 年印度、巴西诉欧盟及荷兰替代药品转口案件是发生在知识产权执法领域向世界贸易组织争端解决机构提起磋商争端请求的最新案例。而且两起案例有关联性，印度和巴西分别是替代性药物的出口国和进口国，荷兰是替代性药物的转运国。这两起案例也是在 2001 年巴西 - 美国提起专利磋商后，发展中国家运用世界贸易组织争端解决机构来向发达国家提出磋商的有益尝试。

（一）印度诉欧盟及荷兰药品转口争端

2010 年 5 月 11 日，印度就欧盟和荷兰以专利侵权为由没收途经荷兰机场、港口将转运到第三国的替代性药物，向世界贸易组织争端解决机制提出磋商请求。印度指控案件中采取的措施违反了 1994 年《关税贸易协定》的第 5 条第 2、3、4、5、7 款和第 10 条，同时违反《与贸易有关的知识产权协定》（TRIPS）第 2 条“知识产权公约”，第 7 条“目标”，第 8 条“原则”，第 28 条“授予的权利”，第 41 条“一般义务”，第 42 条“公平和公正的程序”以及第 31 条“未经权利持有人授权的其他使用”（当与 2003 年 8 月《TRIPS 与公共健康的多哈宣言》的决定中的条款一起理解时）。2010 年 5 月 28 日，巴西、加拿大和厄瓜多尔要求加入磋商。5 月 31 日，中国、日本和土耳其也要求加入磋商。

印度在提起磋商的请求中指出：在过去的两年中，基于专利持有者的请求，荷兰政府已经扣押很多从印度出口经荷兰转运的替代性药物。荷兰政府采取这样的行为主要是基于“制造业假定（manufacturing fiction）”，即认为在印度制造的替代性药物转运到荷兰就以其为荷兰制造而进行扣押。这些最初被扣押的药品中的

很大一部分，后来被销毁或者被退回到印度，经过长时间拖延只有小部分药品被运往目的地。证据显示，荷兰在 2008 年和 2009 年共扣押 19 次转运中的替代性药品，其中有 16 次是印度出口的替代性药品。根据《与贸易有关的知识产权协定》（TRIPS）的第 7、8 条，《TRIPS 与公共健康多哈宣言》和《经济、社会、文化权利国际公约》第 12.1 条的规定，印度认为荷兰政府的行动对世界贸易组织中的发展中国家和最不发达国家的公共健康保护有不利影响。[1] 最近，欧盟和印度达成协议修改其边境措施。[2] 这点表明发展中国家开始运用世界贸易组织争端解决机制来实现对自己提议的 TRIPS - plus 适用，同时也对发达国家正在协商的《反假冒贸易协议》形成阻却。

（二）巴西诉欧盟及荷兰药品转口争端

2010 年 5 月 12 日，巴西就欧盟和荷兰以专利侵权为由再次没收从印度或第三国途经荷兰机场、港口将转运到巴西或第三国的替代性药物，向世界贸易组织争端解决机制提出磋商请求。巴西指控欧盟和荷兰采取的措施违反了 1994 年《关税贸易协定》的第 5 条第 1、2、3、4、5、7 款“转运自由”和第 10.3 条“缔约方有义务持续披露其法律法规”，违反了《与贸易有关的知识产权协定》（TRIPS）规定的义务涉及第 1.1 条“义务的性质和范围”，第 2 条“知识产权公约”，第 28 条“授予的权利”，第 31 条“未经权利持有人授权的其他使用（也称强制许可条款）”，第 41 条“一般义务”，第 42 条“公平和公正的程序”，第 49 条“行政程序”，第 50 条“临时措施”，第 51 条“海关中止执行”，第 52 条“申请”，第 53 条“保证金或同等的担保”，第 54 条“中止放行的

---

〔1〕 WT/DS408/1.

〔2〕 Peter K. Yu, “TRIPS Enforcement and Developing Countries”, 26 *Am. U. Int'l L. Rev.* 727, 2011, p. 765.

通知”，第 55 条“中止放行的期限”，第 58 条“依职权的行动”和第 59 条“救济”以及《世界贸易组织协定》的第 14.4 条“复边贸易协定生效”。[1]5 月 28 日，加拿大和厄瓜多尔要求加入磋商。5 月 31 日，中国、日本和土耳其也要求加入磋商。

巴西在向世界贸易组织争端解决机构提起磋商的请求中指出：2008 年 12 月荷兰政府根据欧共体法律第 1383/2003 号扣押从印度运送途径荷兰而目的地是巴西的替代性药物，荷兰政府之所以扣押转运中的替代性药物并将其退回给印度，主要是基于专利持有人指控的替代性药物可能构成对其专利的侵权。[2] 欧共体法律第 1383/2003 号规定“海关可以对可能构成侵犯知识产权的物品采取行动（actions），对侵犯知识产权的物品采取措施”。此法律允许欧共体扣押途径欧共体转运的侵犯知识产权的产品，而且是否是侵犯知识产权的产品要根据转运经过的国家的国内法律确定，而不管该转运产品在出口国或者进口国是否是侵犯知识产权的产品。巴西认为欧盟及其成员国荷兰所采取的任何扣押转运中知识产权产品的措施包括法律、行政、司法等都违反了世界贸易组织协定规定的义务。特别是巴西认为荷兰《专利法》第 53 条和第 79 条及与其有关的法律规章制度等都违反了世界贸易组织协定的规定。

截至目前，虽然两起案件还没有最终结果。但可以看出巴西比印度做了更加充分的准备，比如在《与贸易有关的知识产权协定》（TRIPS）的研读和解释上。可以预见，如果由专家组或上诉机构出具建议，世界贸易组织争端解决机构将会对替代性药物、侵犯知识产权的认定、知识产权的边境措施等运用国际法进行解

---

〔1〕 复边贸易协定的接受和生效应按该协定的规定执行。此类协定应交存 GATT1947 缔约方全体的总干事。在本协定生效时，此类协定应交存 WTO 总干事。

〔2〕 WT/DS409/1

释。两起案件都针对欧盟指令中 TRIPS - plus 标准提出挑战。关于这两起案例的世界贸易组织争端解决机构的意见必将对未来的 TRIPS - plus 标准的合法性判断起到示范作用。同时转运中的知识产权产品，又正好是 TRIPS - plus 协定《反假冒贸易协议》（ACTA）所要惩处的侵犯知识产权的保护环节之一，所以无论这两起案件以什么方式结束，都将对 TRIPS - plus 条款的解释起到作用。

第四节　小结

自世界贸易组织争端解决机制建立以来，到目前共有 427 起磋商请求案件，〔1〕其中各成员方参与的程度不同，以美国、欧盟、中国、印度和巴西为例，几个国家主动提起磋商、被动进行磋商和作为第三方参与磋商的情况各不相同。〔2〕美国作为原告的案件有 98 个，作为被告的案件有 113 个，作为第三方要求加入磋商的案件有 93 个。欧盟作为原告的案件有 85 个，作为被告的案件有 70 个，作为第三方要求加入磋商的案件有 113 个。中国作为原告的案件有 8 个，作为被告的案件有 23 个，作为第三方要求加入磋商的案件有 88 个。印度作为原告的案件有 19 个，作为被告的案件有 20 个，作为第三方要求加入磋商的案件有 73 个。巴西作为原告的案件有 25 个，作为被告的案件有 14 个，作为第三方要求加入磋商的案件有 65 个。美国、欧盟、加拿大等发达国家往往会针对同

〔1〕 参见 http://www.wto.org/english/tratop_e/dispu_e/dispu_status_e.htm，访问日期：2014 年 8 月 25 日。

〔2〕 参见 http://www.wto.org/english/tratop_e/dispu_e/dispu_by_country_e.htm，访问日期：2014 年 8 月 25 日。

一国家的相同问题提起各自的磋商请求。2010 年，印度和巴西这两个发展中国家也对欧盟及其成员国荷兰就同一议题先后提出磋商请求，而且都作为第三方要求加入彼此的磋商。这也是一种运用世界贸易组织争端解决机构来抑制发达国家 TRIPS－plus 造法的战略，同时也是运用世界贸易争端解决机制来适用《TRIPS 与公共健康多哈宣言》的方法。

在制定国际条约时，由于各成员方经济发展水平参差不齐，为了照顾各方利益，所有的国际条约都有一些含糊不清的条款或者故意留下一些未决事项，有待司法工作者进行解释。对于世界贸易组织框架下的任何争端，都是由世界贸易组织争端解决机构来解释的。世界贸易组织争端解决机构在解释《与贸易有关的知识产权协定》（TRIPS）条款和 TRIPS－plus 条款时，所依赖的国际法条款是《关于争端解决规则与程序的谅解》第 3.2 条，《维也纳条约法公约》第 31 条和第 32 条，这些条款共同确定了世界贸易组织争端解决上诉机构解释法律所遵循的原则。虽然《关于争端解决规则与程序的谅解》没有确定专家组或者上诉机构“遵循先例”的原则，但是上诉机构认为，专家组和上诉机构的报告对于世界贸易组织成员方来说，可以产生合法的预期，甚至可能影响未来的立法。所以在司法实践中，美国不断挑战《与贸易有关的知识产权协定》（TRIPS）设定的灵活条款，挤压其弹性空间以便为未来的 TRIPS－plus 立法做好铺垫，比如，美国－加拿大专利保护期限争端、美国－阿根廷农业化学品实验数据的保护争端和美国－中国的知识产权争端。而且国际争端解决中《与贸易有关的知识产权协定》（TRIPS）解释的司法实践中针对知识产权执法的案例，包括美国－中国的知识产权争端，印度－欧盟及荷兰药品转口争端和巴西－欧盟及荷兰药品转口争端，其中美国－中国的知识产权争端是美国为了提高知识产权的刑事保护标准和边境措施所提起的磋商请求，而印度 - 欧盟及荷兰药品转口争端和巴西 - 欧盟及荷兰药品转口争端是印度和巴西为了解决欧盟及荷兰不合理的知识产权边境措施提请的磋商请求，如果这两起争端最终经世界贸易组织争端解决机构解释法律，那么专家组和上诉机构的报告必将对未来知识产权国际保护的边境措施的发展起到指示作用。可见，印度和巴西主动向世界贸易组织争端解决机构提起磋商请求是一种积极的防御战略也是一种积极的推广适用，只可惜欧盟正在和印度积极磋商期望达成协议修改其边境措施。可以预见，由于作为知识产权执法国际保护的《反假冒贸易协议》（ACTA）诞生，未来一段时间内，美国和欧盟等发达国家必将通过向世界贸易组织争端解决机构提起磋商请求的方式来推高知识产权执法的国际保护标准。而发展中国家也可以采用同样的防御战略，即向世界贸易组织争端解决机构提起磋商请求的方式，来避免履行超出 TRIPS 规定的义务；同时应积极争取由世界贸易组织争端解决机构对提请磋商的争议点做出解释，这样可以对未来相类似的特定争端起到预期作用。

综上，我国应对 TRIPS - plus 标准时，应积极提出磋商请求；对于涉及我国核心利益的环节应联合有共同利益的发展中国家提出磋商请求。其实早在 2007 年美国和智利就提出了修改《关于争端解决规则与程序的谅解》（DSB）的提案，旨在加强世界贸易组织争端解决机制的灵活性以及争端成员方对争端程序的控制。美国极力推动，因为它认为世界贸易组织争端解决机制的基本功能是解决成员间的争议，而非促进世界法律制度建设。为了防范专家组和上诉机构可能出现的越权，应当加强成员对争端解决的控制，比如在争端方共同同意的情况下，可以删除专家组和上诉机构的部分结论，或者《关于争端解决规则与程序的谅解》（DSB）可以通过部分裁决结论。这个提案一旦通过，发达国家将可以从立法、执法到司法的各个环节全面控制 TRIPS - plus 的造法。我国一方面因审慎注意美国等发达国家的动向；另一方面因积极学习尝试用类似方法在国际环境中推行中国的国家利益。

第六章

TRIPS－plus 造法的思路与趋势

第一节 概论

之所以出现如此广泛的 TRIPS－plus 造法现象，主要是因为《与贸易有关的知识产权协定》（TRIPS）规定的知识产权最低保护标准和其弹性条款。这些弹性条款设定的目的是“认识到最不发达国家成员在国内实施法律和法规方面特别需要最大的灵活性”。可见，这些条款本来是为发展中国家的利益而设定的。然而现在他们不光为 TRIPS－plus 造法提供了法律依据，还成为 TRIPS－plus 造法所压缩的目标。正如印度所担心的，越来越高的知识产权保护标准会阻碍合法贸易，这也是世界贸易组织和《与贸易有关的知识产权协定》

(TRIPS) 所关心的问题。[1] 从上一章的论述中不难发现，在世界贸易组织争端解决机构最活跃的发展中国家是印度和巴西，它们运用世界贸易组织争端解决机制来挑战发达国家强加给它们的TRIPS - plus 标准，同时也是它们极力推动了《与贸易有关的知识产权协定》(TRIPS) 中包含对发展中国家有利的灵活性条款，比如《与贸易有关的知识产权协定》(TRIPS) 第 1.1 款“各成员有权在其各自的法律制度和实践中确定实施本协定规定的适当方法”，第 7 条“目标”，第 8 条“原则”，第 40 条“对协议许可中限制竞争行为的控制”和第 41.5 款“本部分的任何规定在实施知识产权与实施一般法律的资源分配方面，也不产生任何歧义”。这些条款是《与贸易有关的知识产权协定》(TRIPS) 实现其价值目标——利益平衡的基石，也是知识产权国际保护全球化的基本要求。TRIPS - plus 造法还应该注重：人类社会整体发展和私人集团的垄断利益的平衡；发达国家和发展中国家的国家利益的平衡，以及技术革新和传统资源利用的利益分享之间的平衡。《与贸易有关的知识产权协定》(TRIPS) 中还包括了一些知识产权最高保护标准的条款，这些条款为我们限制 TRIPS - plus 造法现象提供了一些思路。《与贸易有关的知识产权协定》(TRIPS) 是公认的知识产权国际保护的最低保护标准，但是在其条款中也设计包含了一些知识产权国际保护的最高标准，即无论怎样进行 TRIPS - plus 造法都不得逾越这条规定的标准。可以说，这些条款对 TRIPS - plus 造法是一定的限制。同时，也可以考虑在 TRIPS - plus 造法中加入一些类似的知识产权最高保护标准，在前面第三章的介绍中曾指出美国在商标的保护领域加入了一些最高标准的 TRIPS - plus 造法，

---

[1] Peter K. Yu, “TRIPS Enforcement and Developing Countries”, 26 *Am. U. Int'l L. Rev.* 727, 2011, pp. 756 ~ 757.

这值得借鉴。此外，之所以会发生如此频繁的 TRIPS－plus 造法，究其根本原因，还是 TRIPS－plus 造法有一定的发展优势，主要体现在《与贸易有关的知识产权协定》（TRIPS）第 1 条“义务的性质和范围”和第 71 条“审议和修正”都允许成员制定知识产权保护的更宽泛的标准；TRIPS－plus 造法可以只在几个国家、地区、国际组织之间进行，并不需要世界上所有或多数国家的普遍参与；TRIPS－plus 造法不违反透明度原则；TRIPS－plus 造法是为了实现公平自由贸易原则；几乎所有的 TRIPS－plus 造法都规定了非歧视待遇原则；TRIPS－plus 造法还包括一些必要的限制。要意识到发达国家制定 TRIPS－plus 知识产权保护标准的目的在于最终修改《与贸易有关的知识产权协定》（TRIPS）规定，尽可能压缩所有有利于发展中国家的灵活性条款。TRIPS－plus 造法有其优越性，在未来的发展有最终修改《与贸易有关的知识产权协定》（TRIPS）的可能性。其实发展中国家推动的《TRIPS 与公共健康宣多哈宣言》已经走上了修改《与贸易有关的知识产权协定》（TRIPS）的道路，只等着各世界贸易组织成员的批准。

第二节　《与贸易有关的知识产权协定》（TRIPS）中有利于发展中国家的条款

《与贸易有关的知识产权协定》（TRIPS）中包含一些具有灵活性的条款，比如《与贸易有关的知识产权协定》（TRIPS）第 1.1 款“各成员有权在其各自的法律制度和实践中确定实施本协定规定的适当方法”，第 7 条“目标”，第 8 条“原则”，第 40 条“对协议许可中限制竞争行为的控制”和第 41.5 款“本部分的任何规定在实施知识产权与实施一般法律的资源分配方面，也不产生任何歧义”。这些条款也被誉为支持发展中国家的条款，主要是因为这些条款都是具有灵活性的弹性条款。在世界贸易组织争端解决机构提起磋商的知识产权争端中，世界贸易组织争端解决机构的专家组报告多会对这些条款或围绕这些条款进行解释从而对相关争端给出建议报告。这些建议报告通常会影响到知识产权国际条约的未来发展，新的知识产权国际条约往往也是根据这些建议报告谈判和执行的。所以有必要对《与贸易有关的知识产权协定》(TRIPS) 中这种经常被世界贸易组织争端解决机构专家组援引又有益于发展中国家的条款进行研究，以及研究专家组对这些条款的解释，以期对 TRIPS - plus 的造法获得启示。

一、《与贸易有关的知识产权协定》(TRIPS) 第 1.1 款各成员的义务

《与贸易有关的知识产权协定》(TRIPS) 第 1 条规定的是“义务的性质和范围”，其中第 1 款规定：“各成员应实施本协定的规定，各成员可以，但并无义务，在其法律中实施比本协定要求更广泛的保护，只要此种保护不违反本协定的规定。各成员有权在其各自的法律制度和实践中确定实施本协定规定的适当方法。”这一条款的规定迎合了序言中的“认识到最不发达国家成员在国内实施法律和法规方面特别需要最大的灵活性”，它也为最不发达国家提供了挑战新的知识产权国际协议与《与贸易有关的知识产权协定》(TRIPS) 规定不一致的依据。在《与贸易有关的知识产权协定》(TRIPS) 制定过程中，印度代表认为《与贸易有关的知识产权协定》(TRIPS) 第 1.1 款其实也是一个“天花板 (ceilings)”条款，因为它规定成员制定的更广泛的保护不能违反《与

贸易有关的知识产权协定》（TRIPS）的规定。[1]回顾《与贸易有关的知识产权协定》（TRIPS）第 1.1 款的制定历史，发达国家提议的草案是“任何事情不能阻止成员履行更宽泛的义务（即 TRIPS－plus 义务）”，现行的《与贸易有关的知识产权协定》（TRIPS）条款规定“各成员可以，但并无义务，在其法律中实施比本协定要求更广泛的保护”，这被认为是发展中国家争取到的结果。[2]这一款规定挤压了在《与贸易有关的知识产权协定》（TRIPS）制定中为 TRIPS－plus 造法提供正当性的机会。此外，本款中“各成员有权在其各自的法律制度和实践中确定实施本协定规定的适当方法”，也是由于印度代表提出了“当事国的自由应该是基本原则并应指导各个谈判团的谈判”而最终加入的。[3]这是基于各主权国家的立法和司法自治权为《与贸易有关的知识产权协定》（TRIPS）成员提供了灵活的制定法律空间。

在以往的世界贸易组织争端解决案件中，只有少数案件直接运用此款规定提起磋商，比如 2003 年澳大利亚－欧共体副食品和农产品的商标和地理标志争端和 2010 年巴西－欧盟及荷兰转运中的替代性药物争端，但是专家组和上诉机构在裁定提起磋商的争端时都会或多或少用到这一条款来解释成员国法律是否违反《与贸易有关的知识产权协定》（TRIPS）规定的义务。比如，1996 年美国－印度对药品和农业化学品不保护的争端（这也是第一个在世界贸易组织争端解决机制裁决的知识产权案例）。专家组报告裁

---

〔1〕 Peter K. Yu, “TRIPS Enforcement and Developing Countries”, 26 *Am. U. Int'l L. Rev.* 727, 2011, pp. 756.

〔2〕 Peter K. Yu, “TRIPS Enforcement and Developing Countries”, 26 *Am. U. Int'l L. Rev.* 727, 2011, pp. 757.

〔3〕 Peter K. Yu, “TRIPS Enforcement and Developing Countries”, 26 *Am. U. Int'l L. Rev.* 727, 2011, note 212.

定印度有权按照《与贸易有关的知识产权协定》（TRIPS）第 1.1 款的规定决定在印度如何执行《与贸易有关的知识产权协定》（TRIPS）第 70.8 款规定的“对药品和农药获得专利保护”义务，之后世界贸易组织争端解决上诉机构也支持了这一点。[1] 如上所述，各主权国家的立法和司法自治权是印度代表团在谈判中坚持加入的条款，并在世界贸易组织争端中积极运用此条应对争端保护了本国利益。可见，只有积极参与法律的制定过程，才能深刻理解法律，知道发达国家施加的 TRIPS - plus 义务所在，并更好地利用法律保护本国的利益。

2003 年，世界贸易组织争端解决中直接运用了此款规定，在提起磋商的澳大利亚 - 欧盟地理标志争端中，专家组却以司法经济原则为由没有支持澳大利亚的诉求。专家组注意到《与贸易有关的知识产权协定》（TRIPS）第 1.1 款第一句表明各成员有义务实行《与贸易有关的知识产权协定》（TRIPS）的条款，第二句承认在服从一定条件下，各成员有权规定更宽泛的保护。所以专家组认为澳大利亚的此诉求是间接诉求，应服从司法经济原则，认为此诉求不是有效解决争端的诉求，所以不对其进行裁决。需要警惕的是专家组对《与贸易有关的知识产权协定》（TRIPS）第 1.1 款的解释可能为后续的 TRIPS - plus 造法过程中排除“各成员有权在其各自的法律制度和实践中确定实施本协定规定的适当方法”的自由做了铺垫，然而《与贸易有关的知识产权协定》（TRIPS）第 1.1 款的最后一句才是保障发展中国家灵活履行《与贸易有关的知识产权协定》（TRIPS）规定义务的依据，所以发展中国家应极力保证这个条款不被排除。

此外，在 2007 年美国 - 中国知识产权争端中，专家组认识到

---

[1] WT/DS79/R 专家组报告，第 7.41 段。

《与贸易有关的知识产权协定》（TRIPS）第 1.1 款和《多哈宣言》第 5 段〔1〕所坚持的灵活性。专家组的报告还强调了在《与贸易有关的知识产权协定》（TRIPS）谈判过程中所保留自治和政策空间。专家组的这些关切是对各种形式的 TRIPS - plus 造法的反对，而且为成员保留一定的自治空间是知识产权国际保护规则制定过程中的习惯做法。

二、《与贸易有关的知识产权协定》（TRIPS）的目标和原则

《与贸易有关的知识产权协定》（TRIPS）的目标和原则分别规定在第 7 条和第 8 条。对《与贸易有关的知识产权协定》（TRIPS）任何条款的解释，必须符合其目的和原则的规定。所以说这两条规定为《与贸易有关的知识产权协定》（TRIPS）规定的知识产权的解释和实施提供了最重要的制度框架。《多哈宣言》已经注意到这两条的重要性并应全面考虑其发展的维度。自《与贸易有关的知识产权协定》（TRIPS）生效后，这些被称为"发展友好的保障措施（development friendly safeguards）"可以更灵活地解释和实施《与贸易有关的知识产权协定》（TRIPS），包括：①是解释和实施《与贸易有关的知识产权协定》（TRIPS）的指导原则；②是防止增加知识产权保护（TRIPS - plus）的盾牌；③是挑战过度保护知识产权或滥用知识产权的工具；④可连接《与贸易有关的知识产权协定》（TRIPS）与其他知识产权保护标准或国际条约；⑤是产生新知识产权国际保护标准的源泉。〔2〕在最近世界贸易组织关于知识产权争端的两个案例中，巴西和印度都要求针对《与贸易有关的知识产权协定》（TRIPS）第 7 条和第 8 条进行磋商。遗憾的是

---

〔1〕 WT/MIN (01) /DEC/1.

〔2〕 Peter K. Yu, "TRIPS Enforcement and Developing Countries", 26 *Am. U. Int'l L. Rev.* 727, 2011, pp. 768.

在中国-美国知识产权争端中，我国没有援引这两个条款据理力争。而在欧盟-加拿大的药品专利保护案件中，面对欧盟的指责，加拿大援引《与贸易有关的知识产权协定》（TRIPS）第7条强调“社会和经济福利的增长及权利和义务的平衡”和第8条强调“各成员可采取必要措施来保护公共健康和营养”来支持自己的观点，最终专家组支持了加拿大。

（一）《与贸易有关的知识产权协定》（TRIPS）的目标——利益平衡

《与贸易有关的知识产权协定》（TRIPS）第7条规定：“知识产权的保护和执法应有助于促进技术革新和技术转让与传播，使技术知识的创造者和使用者互相受益，并有助于社会和经济福利的增长及权利和义务的平衡。”我国知识产权学者冯晓青曾提出：“在几百年的知识产权立法和司法实践中，人们逐渐发现，利益平衡原则作为一项根本的指导性原则起着实质性作用。”[1]《与贸易有关的知识产权协定》（TRIPS）的目标正好体现了这种利益平衡的诉求，它包括3个层面的利益平衡：促进技术革新和技术转让与传播；知识产权的创造者和使用者之间的利益平衡；社会经济福利增长时权利和义务的平衡。可见，知识产权保护本身不是《与贸易有关的知识产权协定》（TRIPS）的目的，它的目的应该是促进技术进步与技术贸易，进而发展各国的经济。[2]《与贸易有关的知识产权协定》（TRIPS）的目的为转化、解释和适用《与贸易有关的知识产权协定》（TRIPS）的条款确定了准则，也为衡量各成员国国内法是否充分有效提供了标准，还为成员国知识产权立

---

〔1〕 冯晓青：“利益平衡论：知识产权法的理论基础”，载《知识产权》2003年第6期。

〔2〕 郑成思：《WTO知识产权协议逐条讲解》，中国方正出版社2001年版，第42页。

法应立足于本国情况提供了理论支持。2001 年欧共体就美国《综合拨款法案》（Omnibus Appropriation Act）第 211 节提出磋商请求，原因是美国不允许根据古巴法律没收财产和商业的商标所有人之前所抛弃的商标再进行注册或续展，专家组指出《与贸易有关的知识产权协定》（TRIPS）第 7 条是善意原则（good faith）的一种，所以成员必须以符合第 7 条规定的方式实施《与贸易有关的知识产权协定》（TRIPS）的规定。[1]

（二）《与贸易有关的知识产权协定》（TRIPS）的原则

《与贸易有关的知识产权协定》（TRIPS）第 8 条“原则”分为两款：“①在制订或修改其法律和法规时，各成员可采取必要措施来保护公共健康和营养，促进对其社会经济和技术发展至关重要部门的公共利益，只要这些措施符合本协定的规定。②只要符合本协定的规定，必要时可以采取适当措施来防止知识产权持有人滥用知识产权或采取不正当地限制贸易或严重影响国际技术转让的做法。”《与贸易有关的知识产权协定》（TRIPS）的原则条款其实主要针对的是防止知识产权滥用，它包括两个方面的内容：知识产权的保护程度及范围不能有害公共利益和行使知识产权时不能限制贸易行为，前者被称为是“预防性的积极措施”，后者被称为是“防御性的消极措施”。《与贸易有关的知识产权协定》（TRIPS）的原则的第 1 款是由“14 国集团”提出的建议之一，其目的就是为成员制定和实施知识产权法律保持灵活性，然而最后一句与协定保持一致的限定是发达国家增加的，这个限制性规定使得例外规定的设立特别困难。[2]《与贸易有关的知识产权协定》（TRIPS）的原则的第 2 款也是由“14 国集团”提出的建议之一，

---

〔1〕 WT/DS176/R 专家组报告。

〔2〕 孔祥俊、武建英、刘泽宇编著：《WTO 规则与中国知识产权法——原理、规则、案例》，清华大学出版社 2006 年版，第 19 页。

该项规定仅限于规定防止滥用知识产权行为的原则，此原则在后续第 40 条中进行了细化。我国著名学者郑成思认为《与贸易有关的知识产权协定》（TRIPS）第 8 条确定的公共利益原则不亚于被奉为“帝王条款”的诚实信用原则。[1] 2010 年印度诉欧盟和荷兰的转运中的药品就涉及这两款，印度坚称专利权人无权干涉在印度生产或从印度出口的合法替代性药品的自由转运。印度认为荷兰港口采取的扣押对世界贸易组织成员中的发展中国家和最不发达国家在保护公共健康和可获得药品方面产生极其不利的影响。争端中涉及的事项应该按照《与贸易有关的知识产权协定》（TRIPS）第 7 条和第 8 条、2001 年《TRIPS 与公共健康多哈宣言》和《经济、社会及文化权利国际公约》第 12.1 款的规定“人人有权享有能达到的最高的体质和心理健康的标准”来解释相关法律。[2] 目前，此争端还在磋商中，还没有任何官方的解释出现，但欧盟已经在考虑修改其边境措施。

三、《与贸易有关的知识产权协定》（TRIPS）第 40 条对协议许可中限制竞争行为的控制

以知识产权为基础的产品在国际贸易中发挥着越来越重要的作用。通信技术、互联网的发展创造出一个全球市场，如果产品及其加工方法能得到有效的保护，将产生可观的许可收入。但是由于许可协议谈判各方的实力悬殊，往往会有一些滥用知识产权限制竞争的行为出现，这就有了《与贸易有关的知识产权协定》（TRIPS）第 40 条。它规定“对协议许可中限制竞争行为的控制”

[1] 郑成思：《WTO 知识产权协议逐条讲解》，中国方正出版社 2001 年版，第 43 页。

[2] WT/DS408/1

共包括4款，可以说是对《与贸易有关的知识产权协定》（TRIPS）第8.2款所确定原则的具体细化，它规定了知识产权许可协议中的限制竞争行为针对的是对竞争产生限制作用的知识产权滥用行为，这其实是保证知识产权依法取得的垄断地位不阻碍、不限制甚至歪曲市场的竞争，从而保障市场交易的正常秩序。但该条的适用范围不涉及研发合同、联营协议或合作协议中的知识产权条款。其实该条涉及的内容是在1975年由联合国贸易发展委员会（UNCTAD）提出的，但并没有产生实质的国际条约。到目前为止，还没有国家就此条在世界贸易组织争端解决中直接提出磋商请求。但由于此条是《与贸易有关的知识产权协定》（TRIPS）第8.2款规定的“原则”的细化，有必要准确理解其具体规定。

《与贸易有关的知识产权协定》（TRIPS）第40.1款规定：“各成员一致认为，一些限制竞争的有关知识产权的许可做法或条件可对贸易产生不利影响，并会妨碍技术的转让和传播。”此条表明，世界贸易组织成员已经意识到国际贸易中限制竞争的知识产权滥用问题。知识产权制度是授予其权利人或持有人法律上的独占权，这也被理解为一种垄断权，这是法律赋予的合法权利。知识产权往往是享有技术优势的发达国家所持有，当发展中国家的企业或个人向发达国家购买先进的技术时，由于处于劣势地位，一般要接受发达国家附加在技术许可合同中不合理的限制竞争行为的条款，比如强制性一揽子许可、搭售等。因这些不合理的合同约定会阻碍市场的有效竞争，对国际技术转让和国际贸易产生不利影响，世界贸易组织成员一致认为应该规制这种滥用知识产权限制竞争的行为。

《与贸易有关的知识产权协定》（TRIPS）第40.2款规定：“本协定的任何规定不得阻止各成员在其立法中明确规定在特定情况下可构成对知识产权的滥用并对相关市场上的竞争产生不利影响

的许可做法或条件。如以上所规定的，一个成员在与本协定其他规定相符的条件下可依据该成员的有关法律和法规，采取适当的措施以防止或控制此类做法，包括诸如排他性返授条件，阻止对许可效力提出质疑的条件和强制性一揽子许可等。”本款第一句允许世界贸易组织各成员在其国内立法中规定“特定情况”下知识产权滥用对相关市场不利影响的许可做法或条件。“特定情况”这一用语实际上就是要区别上述做法和条件是违法的还是这些行为的后果，是违法的。综合考察此句，可以说“特定情况”特指“知识产权滥用对相关市场不利影响的许可做法或条件”所产生的违法后果，而不是说知识产权滥用对相关市场不利影响的许可做法或条件是违法的，所以强调的是结果。本款第二句则是对这种违法后果的修正，即世界贸易组织成员可采取与《与贸易有关的知识产权协定》（TRIPS）相符的本国法律来规定必要措施以防止此类滥用知识产权的活动。

《与贸易有关的知识产权协定》（TRIPS）第40.3款规定：“每个成员应在任何其他成员的请求下，与其进行磋商，只要该成员有理由相信，作为被提出磋商申请的成员的国民或居民的知识产权所有人正在采取的行动违反了其关于本节内容的法律法规，并希望在不妨害按法律采取任何行动以及不损害任何一方享有的做出最终决定的充分自由情况下使有关知识产权所有人遵守该立法。被请求成员对提出请求成员的磋商请求应给予充分和积极的考虑，提供足够的机会进行磋商，并在遵守国内法和就提出请求的成员保障其机密性达成相互满意的协议的前提下，在提供与该事项有关的公开的非机密资料和该成员可获得的其他信息方面进行合作。”这一款主要是针对世界贸易组织成员间就滥用知识产权限制竞争的行为提出磋商时各成员的权利义务，包括：应在被请求时进行磋商，充分考虑磋商的请求，提供信息合作，等等。这就确定了世界贸易组织成员间磋商的操作细则。

《与贸易有关的知识产权协定》（TRIPS）第 40.4 款规定："如一成员的国民或居民在另一成员领土内因被指控违反该另一成员有关本节内容的法律法规而受到起诉，则该另一成员应按与第 3 款预想的条件相同的条件给予该成员磋商机会。"这一条规定表明，当一位世界贸易组织成员准备制裁发生在其领土内的另一世界贸易组织成员方国民滥用知识产权的限制竞争行为时，应根据另一世界贸易组织成员的请求与其进行磋商。这一条规定可能产生两个效果：一方面，一个世界贸易组织成员制裁在其领土上发生的滥用知识产权的行为，要根据另一个世界贸易组织成员的请求与其进行磋商，有利于成员间就阻止滥用知识产权的行为进行合作，这有利于技术的转让和传播；另一方面，一个世界贸易组织成员制裁在其领土上发生的滥用知识产权的行为，要根据另一个世界贸易组织成员的请求与其进行磋商，可能造成一个世界贸易组织成员对另一个世界贸易组织成员方国内司法干涉的可能性，这就增大了处理滥用知识产权行为的难度。

四、《与贸易有关的知识产权协定》（TRIPS）第 41.5 款知识产权执法的限制

知识产权是一种特殊的民事权利。有些国家在民法中对知识产权保护进行专门规定，指出哪些条款不适用。但《与贸易有关的知识产权协定》（TRIPS）没有要求各成员在执法程序上给予知识产权保护的特别规定，这主要体现在《与贸易有关的知识产权协定》（TRIPS）第 41.5 款。《与贸易有关的知识产权协定》（TRIPS）第 41 条规定的是"知识产权执法的一般义务"，其中第 5 款规定知识产权执法要求的限制，即"本部分规定不要求各成员承担义务建立与一般法律执行体系不同的知识产权执法体系，也

不影响各成员执行一般国内法的能力。在实施知识产权与实施一般法律之间的资源分配方面，本部分规定不产生任何义务。”该款规定了各成员方在实施和保护知识产权时应遵守的最低标准。其实，这一款的规定表明，世界贸易组织成员实施本部分规定的措施，只能以其通常能够获得的司法和行政资源为限，而不得为知识产权的执法制定另一套制度。但是只要不会显著增加世界贸易组织成员在实施知识产权法律和一般法律之时的资源分配，就不能限制实施本协议规定的义务。可见，协议所要求的就是在一般的法律执行制度中建立能够有效保护知识产权的程序和机制。在制定《与贸易有关的知识产权协定》（TRIPS）的谈判中，考虑到发展中国家的利益，要求他们建立专门的知识产权法院或加强知识产权执行会增加发展中国家的负担，所以在《与贸易有关的知识产权协定》（TRIPS）的制定过程中印度极力争取加入了这一条款，在美国和欧盟最初提议的草案中并没有这一条款。〔1〕该款为发展中国家不必建立专门的知识产权法院或者说知识产权执法的另一套制度提供了法律依据。

在中国－美国知识产权争端中，双方围绕《与贸易有关的知识产权协定》（TRIPS）的灵活性条款的适用展开争论，该款和《与贸易有关的知识产权协定》（TRIPS）第1.1款一起被我国认为是对发展中国家的减让（Concession）。〔2〕美国对于这两个条款一概回绝。但中国在争辩中却援引这一条款来回应美国对中国刑事惩罚门槛不符合《与贸易有关的知识产权协定》（TRIPS）规定的义务的指控。虽然专家组最终没有完全支持中国的辩驳，但应该

〔1〕 Peter K. Yu, "TRIPS Enforcement and Developing Countries", 26 *Am. U. Int'l L. Rev.* 727, 2011, pp. 799.

〔2〕 Peter K. Yu, "TRIPS Enforcement and Developing Countries", 26 *Am. U. Int'l L. Rev.* 727, 2011, note 213.

意识到《与贸易有关的知识产权协定》（TRIPS）第41.5款对《与贸易有关的知识产权协定》（TRIPS）第三部分“知识产权执法”所规定的权利和义务的平衡。专家组也没有允许将《与贸易有关的知识产权协定》（TRIPS）第1.1款和第41.5款一起解释，因为专家组意识到此种解释可能会由于资源限制的因素导致知识产权执法义务的减损。最后，专家组建议在发展中国家由国家政府来承担知识产权的执法以代替由知识产权权利人承担。

第三节 《与贸易有关的知识产权协定》（TRIPS）中知识产权保护的最高保护标准

由于《与贸易有关的知识产权协定》（TRIPS）确定的知识产权最低保护标准和预留的制度自治空间或灵活性，会导致在国内法中制定知识产权的更高或者是最高的保护标准。由于知识产权国际保护的造法运动的频繁，一个核心的问题是这些造法是否考虑了知识产权保护的“天花板（ceilings）”或者是否为合法的国家利益提供足够的制定最高保护标准的灵活性。最近，世界知识产权组织和世界贸易组织都在关注这些问题，比如适当考虑专利法中的传统知识，版权合理使用，知识产权与环境保护、生物多样性和人权，等等。[1] 知识产权保护的“天花板”其实就是对于权利的合理限制，以使其实现最大效用。例如，人行道上的绿灯总是短于自行车和机动车的绿灯，因为步行过马路比使用交通工具过马路需要的时间长，所以应尽早提示行人什么时候应该停止过

---

〔1〕 参见 http://www.ip.mpg.de/en/pub/research_teaching/research/main_areas/Ceilings%20of%20Intellectual.cfm#i26447，访问日期：2014年8月25日。

马路。人行绿灯短暂是为了更好的保护行人的生命财产安全。权利的设定也是这样，要从保障人的生存和社会协调出发，不能一味强调权利的保护，比如一味强调行人走得慢，所以要更长的时间过马路因此给予更长的时间，这样就会幻化成权利的滥用。学界也开始讨论在知识产权国际保护领域要制定更多知识产权保护的最高标准。[1]众所周知，《与贸易有关的知识产权协定》（TRIPS）规定的是知识产权最低的保护标准，但实际上，《与贸易有关的知识产权协定》（TRIPS）也包含一些最高标准的条款，即对《与贸易有关的知识产权协定》（TRIPS）的某些规定作了实质性界定，未来的知识产权法律制定不可能超出这个限定。它们分别是：《与贸易有关的知识产权协定》（TRIPS）第 9. 2 款限制了版权的保护范围和第 27. 3（b）款可拒绝授予专利的内容。正如在中国 - 美国知识产权争端中，专家组强调《与贸易有关的知识产权协定》（TRIPS）规定的最低知识产权保护标准，但是并没有排除制定最高知识产权保护标准的可能。《与贸易有关的知识产权协定》（TRIPS）的这两款规定也正体现了知识产权保护的最高标准。

一、《与贸易有关的知识产权协定》（TRIPS）第 9. 2 款限定版权保护范围

《与贸易有关的知识产权协定》（TRIPS）第 9 条规定《与贸易有关的知识产权协定》（TRIPS）与《伯尔尼公约》的关系，其中第 2 款规定："版权的保护应该延及表述方式，但不延及思想、程序、操作方法或数学概念本身。"这一规定明确了《与贸易有关的知识产权协定》（TRIPS）版权的保护范围，做了实质性界定，

〔1〕 Peter K. Yu, "TRIPS Enforcement and Developing Countries", 26 *Am. U. Int'l L. Rev.* 727, 2011, pp. 747.

而不再穷尽列举作品的保护类型。《伯尔尼公约》没有规定版权应保护什么，只提到版权不保护时事新闻。《与贸易有关的知识产权协定》（TRIPS）对保护范围进行了具体界定，重点是突出了版权不保护的有思想、程序、操作方法或数学概念。《与贸易有关的知识产权协定》（TRIPS）对《伯尔尼公约》确定的保护范围做了有益的补充，明确排除了不受版权保护的范围，从而确定了版权保护范围的最高标准。此条规定是从日本最初有关计算机软件保护的建议中演化而来的，即“本协定对计算机程序作品的版权保护不得扩展到用于制造该作品的任何程序语言、规则或算法”。日本的这个方案显然是受到美国《版权法》的启发，即对原创作品的保护不得扩展到任何思想、程序、步骤、系统、操作方法、概念、原理或发现。〔1〕最终，该条建议被分离出来，放入版权的保护范围中。该规定确立了和欧共体 1991 年计算机程序保护制定相同的规则。《与贸易有关的知识产权协定》（TRIPS）的这款知识产权保护的最高标准是发达国家的一致诉求。一贯强调《与贸易有关的知识产权协定》（TRIPS）是知识产权最低保护标准的发达国家，为什么在《与贸易有关的知识产权协定》（TRIPS）制定过程中放入一款知识产权保护的“天花板”规定？这值得深思。

二、《与贸易有关的知识产权协定》（TRIPS）第 27.3（b）款可拒绝授予专利的内容

《与贸易有关的知识产权协定》（TRIPS）第 27 条规定可授予专利的客体，第 3（b）款规定了各成员可拒绝授予专利的内容为：“除微生物外的植物和动物，以及除非生物和微生物外的产生植物

〔1〕孔祥俊、武建英、刘泽宇编著：《WTO 规则与中国知识产权法——原理、规则、案例》，清华大学出版社 2006 年版，第 34 页。

或动物的主要生物方法。但是，各成员应规定用专利或一种专门有效的制度或通过这两者的综合运用来保护植物品种。各成员应在《建立世界贸易组织的协议》生效之日 4 年后对此规定进行审议。”此款排除了植物和动物，以及它们生物方法的可授予专利性，但规定若任何国家不用专利保护植物品种，则必须制定特殊制度来保护植物品种，并不允许对植物品种不保护。此款将允许发展中国家继续争取药品专利政策豁免。此款还将农业化学药品的可专利性排除，因其可能侵犯公共利益而被禁止商业利用。虽然侵犯公共利益的解释各有千秋，但这不妨碍各国规定可保护专利的客体。但在现实中，发达国家对此款规定通过世界贸易组织争端解决机制提出挑战。最初，印度专利法就没有规定药品和农业化学品的保护，所以美国和欧盟相继针对“印度没有保护药品和农业化学品”向世界贸易组织争端解决机构提起磋商请求。正如赛尔教授所说“印度长久以来一直是美国药品研究和制造商协会努力寻求发展中国家加速专利保护水平的目标国”。〔1〕但是根据《与贸易有关的知识产权协定》（TRIPS）第 70. 8 款规定可解释为各成员有义务对目前不受专利保护的药品和农业化学品，建立一项特殊制度保护其新颖性和优先权，在过渡期结束时可以审查这些申请是否可以授予专利。此外，《与贸易有关的知识产权协定》（TRIPS）第 70. 9 款规定享有过渡期安排的各成员应制定授予药品和农业化学品独占性市场权的制度，因无人申请而为制定此种制度的成员就违反了《与贸易有关的知识产权协定》（TRIPS）规定的义务。经过审议，专家组认定印度没有建立一种制度保护药品和农业化学品的新颖性和优先权，也没有制定专有销售权的

〔1〕［美］苏珊·K. 赛尔著，董刚、周超译：《私权、公法——知识产权的全球化》，中国人民大学出版社 2008 年版，第 127 页。

制度，所以违反了《与贸易有关的知识产权协定》（TRIPS）的规定。上诉机构维持对于这两点的认识，认为印度需修改其专利法以符合《与贸易有关的知识产权协定》（TRIPS）规定。2003 年印度修订其专利法已履行《与贸易有关的知识产权协定》（TRIPS）规定的义务，将药品和农业化学品视为可授予专利的客体。正如有的学者指出的，制定“一种专门有效的制度”来保护植物和动物，其实就是一个骗局（scam）。[1]发达国家的真正目的是并不是用其他制度来保护药品和农业化学品，而是最终用专利制度来保护药品和农业化学品。

通过以上《与贸易有关的知识产权协定》（TRIPS）中规定的两条最高标准的考察，不难发现在知识产权国际保护规则的制定过程中应当考虑到最高的知识产权保护标准，但在最高的知识产权保护标准的制定过程中，发达国家放入的条款很难在实践中遭遇挑战，但是发展中国家争取的最高保护标准，会由后续法律的规定而可能落空。所以在《与贸易有关的知识产权协定》（TRIPS）中放入一些对发展中国家有利的知识产权的最高保护标准至关重要，但保证这样的最高保护标准在实践中起作用更为重要。不得不承认发达国家在立法技术上远远超过发展中国家，所以防止跨国集团利用《与贸易有关的知识产权协定》（TRIPS）规定的灵活性来推广符合它们经济利益的知识产权保护的高标准，同时放入有利于发展中国家的最高知识产权保护标准并保证其实施也是有效抑制发达国家 TRIPS - plus 造法的方式。

---

〔1〕 GRAIN and SANFEC，“TRIPS - plus Through the Back Door：How Bilateral Treaties Impose Much Stronger Rules for IPRS on Life than the WTO”，Report，July，2001.

第四节　TRIPS－plus 造法的发展优势

TRIPS－plus 造法之所以频繁发生且不断发展壮大，是因为除了上文提到《与贸易有关的知识产权协定》（TRIPS）规定的灵活性条款外，它也具有一定的发展优越性。主要体现在：

一、TRIPS－plus 造法确定的高标准知识产权国际保护不违法

根据《维也纳条约法公约》第 41 条的规定，原条约有许可修改的明文规定时，多边条约的两个或更多当事国可以缔结协定。《与贸易有关的知识产权协定》（TRIPS）的第 1 条“缔约方可以但没有义务提供比本协定更为广泛的保护”和第 71 条规定可以做提高知识产权水平的修订，可见缔约方有制定或者不制定高标准知识产权保护的灵活性，这就为发达国家制定高标准的知识产权保护提供了法律上的支持，也为发达国家运用各种造法模式制定知识产权条约提供了法律依据。比如，《与贸易有关的知识产权协定》（TRIPS）明确规定可以利用复边主义谈判模式就个别事项达成知识产权国际保护协议。[1]此外，《巴黎公约》、[2]《伯尔尼公约》[3]和《罗马公约》[4]都规定了条约的成员国可以签订协定保

〔1〕《与贸易有关的知识产权协定》第 24.2 款。

〔2〕《保护工业产权巴黎公约》第 19 条：不言而喻，本联盟国家在与本公约的规定不相抵触的范围内，保留相互间分别签订关于保护工业产权的专门协定的权利。

〔3〕《保护文学艺术作品伯尔尼公约》第 20 条：本同盟成员国政府在它们之间签订给予作者比本公约所规定的更多的权利，或者包括不违反本公约的其他条款的特别协议的权利。凡符合上述条件的现有协议的条款仍然适用。

〔4〕《保护表演者、录音制品制作者和广播组织罗马公约》第 22 条：缔约国各国保留互相之间签订特别协定的权利，只要此类协定给予表演者、录音制品制作者和广播组织的权利比本公约给予的权利更广泛，或包含其他不与本公约相反的条款。

护更多的权利。所以 TRIPS - plus 造法中的知识产权高标准保护不违法。

二、TRIPS - plus 造法不违反普遍参与原则

普遍参与原则是指在制定多边条约时，一切国家应有权参加制订这种公约的国际会议；一切国家应有权以签署、批准或加入等方式成为这种条约的当事国。[1] 首先，普遍参与原则并不是要求一切国家毫无例外的被邀请参加制定这些公约的国际会议，例如，《巴黎公约》的原始签署国有 11 个[2]，目前有 176 个成员。可见，制定条约的国家并不见得和最终加入条约的国家一样多。其次，国际条约可以秘密谈判并缔结，比如，《禁止在大气层、外层空间和地下实验核武器条约》是美国、苏联、英国三国的政府代表在不公开会议上进行谈判而缔结的。[3] 所以目前制定的《反假冒贸易协议》（ACTA）和正在谈判中的《跨太平洋战略合作协议》（TPP）以及《跨大西洋贸易和投资合作协议》（TTIP）由一些国家不公开谈判且不邀请其他国家参与是不违反国际条约制定惯例的。最后，TRIPS - plus 协议不排除其他世界贸易组织成员加入，比如复边主义的《反假冒贸易协议》（ACTA）还规定任何世界贸易组织成员都可以申请加入本协议，这就保证了没有参与制定条约的国家有普遍签署、批准或加入的权利。

三、TRIPS - plus 造法不违反透明度原则

透明度原则是指任何成员对本国制定和实施的与国际贸易有关的法律法规、司法判例、行政决定以及贸易政策都应当予以及

[1] 李浩培：《条约法概论》，法律出版社 2003 年版，第 88 页。
[2] 李浩培：《条约法概论》，法律出版社 2003 年版，第 91 页。
[3] 李浩培：《条约法概论》，法律出版社 2003 年版，第 90 页。

时公布，以便其他成员政府及贸易商能够及时了解和熟悉它们。此外，成员间达成的有关贸易的协定必须予以公布。[1] 关于公布的时间，世界贸易组织并没有规定何时为确切时间，只是强调成员应迅速公布和公开有关贸易的法律、法规、政策等。以《反假冒贸易协议》（ACTA）为例，截至目前尚未生效，即使有些签署方已经交存批准书，但还没有真正意义上的协议的成员方，所以没有义务的履行主体当然无法履行规定的义务。因此，TRIPS－plus 造法在生效前不公布是不违反透明度原则的。因此，现行的 TRIPS－plus 造法没有违反透明度原则。

四、TRIPS－plus 造法符合公平自由贸易原则

世界贸易组织的目的就是推行公平贸易，促进贸易自由化。发达国家在制定 TRIPS－plus 知识产权国际保护标准时往往宣称这些标准是为了符合世界贸易组织公平、自由贸易的基本理念。比如，《反假冒贸易协议》（ACTA）的制定是因为假冒盗版产品阻碍世界贸易组织成员间的公平贸易，所以世界贸易组织的一部分成员利用复边主义的 TRIPS－plus 造法模式在知识产权国际保护领域制定了此协议。特别是《反假冒贸易协议》（ACTA）正好体现了世界贸易组织维护公平贸易的理念，该协议前言就曾提到“伪造和盗版物品的扩散与服务的扩散致使侵权物品传播，损害合法贸易和世界经济的可持续发展，导致权利所有者和合法企业的巨大经济损失”。[2]

---

〔1〕沈四宝主编：《世界贸易组织法教程》，对外经济贸易大学出版社 2005 年版，第 59 页。

〔2〕《反假冒贸易协议》前言。

五、TRIPS - plus 造法符合非歧视待遇原则

利用 TRIPS - plus 造法模式制定知识产权国际保护协议会不会对其他世界贸易组织成员产生歧视？TRIPS - plus 造法有其合法依据。在实践中，几乎所有的 TRIPS - plus 造法本身规定了国民待遇和最惠国待遇原则，它规定的非歧视性正好符合世界贸易组织非歧视待遇原则。比如，《反假冒贸易协议》（ACTA）第 1.1 款规定："本协议不应减损各缔约方根据其缔结的任何其他现存协定包括《与贸易有关的知识产权协定》（TRIPS）中既存的义务。"因为《与贸易有关的知识产权协定》（TRIPS）包括了国民待遇和最惠国待遇，所以《反假冒贸易协议》（ACTA）也就有了非歧视待遇原则。此外，《反假冒贸易协议》（ACTA）还规定"世界贸易组织的任何成员国可以申请加入此协议"。〔1〕可见，在制定知识产权复边主义协议时，就规定协议对所有世界贸易组织成员开放。所以知识产权国际保护复边主义协议对世界贸易组织的成员不存在歧视。

六、TRIPS - plus 造法包括必要限制

众所周知，TRIPS - plus 造法制定了高标准的知识产权国际保护。有学者担心 TRIPS - plus 造法将导致知识产权壁垒。〔2〕实际上，TRIPS - plus 造法在制定之初为了防止构成知识产权壁垒就规定了必要的限制，比如不得阻碍合法贸易、不得滥用知识产权以及不得不合理限制贸易和国际技术转让。以《反假冒贸易协议》（ACTA）为例，其前言中规定"确保知识产权的执法措施和程序

〔1〕《反假冒贸易协议》第 6.5.1 款。

〔2〕在商务部会议上，张乃根教授在作《ACTA 对我国企业海外知识产权维权的影响及对策》的主题发言时，提到此观点。

本身不会成为合法贸易的障碍"。其第1、2、3款规定："《与贸易有关的知识产权协定》（TRIPS）第一部分设置的目的和原则，尤其是第7条目的和第8条原则，应该在本协议中比照采用。"《与贸易有关的知识产权协定》（TRIPS）第8条规定的原则是："可能需要采取适当措施以防止知识产权权利持有人滥用知识产权或采取不合理地限制贸易或对国际技术转让造成不利影响的做法。"

第五节 TRIPS - plus 修改《与贸易有关的知识产权协定》（TRIPS）的可能性

由于《与贸易有关的知识产权协定》（TRIPS）规定的知识产权最低保护标准，TRIPS - plus 造法又有法律依据，它的发展可能会通过修订《与贸易有关的知识产权协定》（TRIPS）形成相对统一的知识产权国际保护准则。在发展中国家的努力下，《TRIPS 与公共健康多哈宣言》已经走上了这样一条路径，因其注重公共健康和人的基本生存权利，所以是一种"良性"的 TRIPS - plus 造法。但是发达国家所追求的高标准的挤压发展中国家立法空间的 TRIPS - plus 知识产权造法，最终也可能导致修改《与贸易有关的知识产权协定》（TRIPS）。

一、TRIPS - plus 造法对世界贸易组织成员有效

由于发达国家高超的立法技术，在 TRIPS - plus 造法的过程中会寻找很多合理的理由，比如说他们标榜 TRIPS - plus 标准的产生是公平自由贸易的需要。如果 TRIPS - plus 标准对越多的国家产生效力，那么就越容易实现公平自由贸易，这就需要 TRIPS - plus 条款或协定对条约的第三国有效力。根据条约相对效力原则，条约

只对缔约国有约束力，因此原则上条约不得给第三国创设权利和义务。但《维也纳条约法公约》也有补充规定：若第三国书面明示接受条约规定的义务，[1] 则此义务对第三国有约束力；对第三国规定的权利，第三国可以同意或以默示推定同意的方式接受条约规定的权利。[2] TRIPS - plus 条款或协议对第三国有效力必须符合《维也纳条约法公约》第 35 条和第 36 条的规定。根据《与贸易有关的知识产权协定》（TRIPS）第 4 条的最惠国待遇的规定，某一成员对他国国民提供的专为保护知识产权的“特权”和“利益”都会毫无例外地适用于全体成员国之国民。这就相当于世界贸易组织成员在制定《与贸易有关的知识产权协定》（TRIPS）时，就对未来“专为保护知识产权”制定的协议履行了书面认诺的义务。所以无论是贸易投资协议中的 TRIPS - plus 条款或 TRIPS - plus 协议作为“专为保护知识产权”制定的协议理应对条约的第三国有效，也即对其他未加入协议的世界贸易组织成员有效力。TRIPS - plus 条款或协议对全体世界贸易成员有效有利于实现相对统一的知识产权国际保护准则。

二、TRIPS - plus 造法有利于实现相对统一的知识产权国际保护

TRIPS - plus 条款或协议可否最终推动实现多边的相对统一的知识产权国际保护？《与贸易有关的知识产权协定》（TRIPS）第 71 条第 2 款规定：“仅仅以提高知识产权保护水平为目的的修订，如果在其他多边协议中采用并已生效，而世界贸易组织的全体成员已接受该协议的修订，……一致同意的基础上，提交部长级会

---

〔1〕《维也纳条约法公约》第 35 条。

〔2〕《维也纳条约法公约》第 36 条。

议讨论。”由此可见，TRIPS - plus 条款或协议生效后，即使其他的世界贸易组织成员没有选择加入协议，但是由于贸易往来和最惠国待遇的规定，这些世界贸易组织成员也可以被认为“已接受协议的修订”。这样，TRIPS - plus 条款或协议就可以视为被全体世界贸易组织成员接受，因而就可以提交部长级会议讨论，导致最终修订《与贸易有关的知识产权协定》（TRIPS）。TRIPS - plus 条款或协议有利于实现多边的相对统一的知识产权国际保护，比如《反假冒贸易协议》（ACTA）本身就是对《与贸易有关的知识产权协定》（TRIPS）第三部分知识产权执法的修订，且通过贸易往来和最惠国待遇会使得世界贸易组织成员都“接受”修订。

三、TRIPS - plus 造法对“非共同利益”的发展中国家的胁迫

当然，实践中也有人对 TRIPS - plus 条款或协议提出质疑：TRIPS - plus 条款或协议被国际组织内大多数国家采纳，这势必对其他国家造成加入该协议的压力，而且 TRIPS - plus 条款或协议很可能将世界贸易组织成员中最穷和最弱的成员边缘化。比如：发展中国家面临着是否加入《反假冒贸易协议》（ACTA），加入后的履约成本与履约能力等重重压力。同时，即使在发展中国家不加入《反假冒贸易协议》（ACTA）的情况下，根据《与贸易有关的知识产权协定》（TRIPS）中规定的“最惠国待遇”，它也对发展中国家产生影响。此外，TRIPS - plus 标准与贸易天然的联系，使得与 TRIPS - plus 条款或协议成员有贸易往来的第三国在贸易往来中也会受到协议约束。更何况有的 TRIPS - plus 条款或协议还可以规定协议成员间的过境管辖。例如，在《反假冒贸易协议》（ACTA）中规定：即使是非协议的成员国的侵权产品过境到协议成员国境内，协议的成员国可以对这些侵权产品采取措施。同时，如

果侵权产品在几个协议成员国之间运输，这几个协议成员国应通力合作制止侵权产品的流通。[1] 这就使得无论是协议成员国还是未加入协议的国家地区，在实践中都会受到《反假冒贸易协议》（ACTA）的约束，从而迫使未加入协议的国家、地区谋求加入协议。所以 TRIPS－plus 条款或协议的缺点就是：无论是否愿意加入这些含有 TRIPS－plus 标准的协议，发展中国家都会被动地受到协议或公约的约束，TRIPS－plus 协议可能强迫还未加入协议的成员国加入到协议中。其实早在《反假冒贸易协议》（ACTA）制定之初，协议谈判国的矛头就是指向发展中国家日益猖獗的盗版假冒侵权行为。在 2010 年 10 月 3 日到 5 日举行的“未来音乐联盟第十届峰会”上，美国知识产权执行协调官员维多利亚就说：“我们之所以倡导制定《反假冒贸易协议》（ACTA），是因为在《与贸易有关的知识产权协定》（TRIPS）制定之时，世界经济还没有如此融合，中国还没有成为世界经济中重要的一员，中国的盗版行为还没有这么猖獗”，矛头直指中国。可见，中国俨然成为美国寻求发展中国家增加知识产权执法保护水平的目标国。

综上，TRIPS－plus 条款或协议的形成有其法律依据，根据《与贸易有关的知识产权协定》（TRIPS）的规定又具有实现多边的、相对统一的知识产权国际保护的必然性。

第六节　小结

《与贸易有关的知识产权协定》（TRIPS）中的弹性条款大多是

---

〔1〕《反假冒贸易协议》第 2 条第 5 款临时措施规定可以针对第三方以及第 3 条第 2 款的过境危险管理。

发展中国家在协议制定的过程中坚持努力的结果，这些弹性条款本是根据发展中国家和最不发达国家的实际情况而给予发展中国家在知识产权保护方面一定的灵活性。现却被发达国家用为推高知识产权保护标准的法律依据，而且成为发达国家 TRIPS - plus 造法所要挤压的空间。如上章所述，在世界贸易组织争端解决中，《与贸易有关的知识产权协定》（TRIPS）中的这些条款也是被援引且对发展中国家有利的条款。所以在《与贸易有关的知识产权协定》（TRIPS）没有被修订之前，应对 TRIPS - plus 造法中的知识产权保护“高标准”时可以考虑援引这些条款来支持发展中国家的诉求，而且也可以主动运用这些条款，在世界贸易组织争端解决机构就发达国家制定 TRIPS - plus 标准提起磋商，从而避免 TRIPS - plus 造法最终向《与贸易有关的知识产权协定》（TRIPS）渗透并逐步修订《与贸易有关的知识产权协定》（TRIPS）。随着科学技术的进步，TRIPS - plus 造法又会不可避免地继续向前发展，从而最终重塑知识产权国际保护体系。现阶段，TRIPS - plus 造法的发展有其优势，而且频繁发生，研究其未来可能的发展趋势也就至关重要，因其对未来的参与，TRIPS - plus 造法有指导作用。本章最后一部分考察了 TRIPS - plus 修订《与贸易有关的知识产权协定》（TRIPS）的可能性，所以发展中国家要尽可能在 TRIPS - plus 修订《与贸易有关的知识产权协定》（TRIPS）前对其进行阻止，包括：在世界贸易组织争端解决机构就 TRIPS - plus 标准主动提出磋商请求；在《与贸易有关的知识产权协定》（TRIPS）中包括一些“天花板”条款即知识产权国际保护的最高标准，从而阻止发达国家 TRIPS - plus 造法的“棘轮”效应；还可以积极参与 TRIPS - plus 造法的谈判，加入有利于人类社会整体发展的 TRIPS - plus 标准。

在应对 TRIPS - plus 标准的知识产权磋商时，可以援引《与贸易有关的知识产权协定》（TRIPS）第 1.1 款义务、第 7 条目的、第 8 条原则和第 41.5 款知识产权执法的限制来抵制发展中国家高标准的知识产权保护。而且在世界贸易组织争端解决中，发展中国家应该多引用《与贸易有关的知识产权协定》（TRIPS）的目的和原则条款来支持自己的诉求，而避免将《与贸易有关的知识产权协定》（TRIPS）第 1.1 款和第 41.5 款一起引用，因为专家组认为这种解释可能会由于资源限制的因素导致知识产权执法义务的减损。

在《与贸易有关的知识产权协定》（TRIPS）制定中，发达国家加入了版权保护范围的限制条件，这构成了版权保护的“天花板”规定；发展中国家争取放入了可拒绝授予专利的内容。在实践中，发达国家放入的条款很难遭遇挑战，但是发展中国家争取加入的一些最高保护标准，会因为后续法律的规定而可能落空。所以在《与贸易有关的知识产权协定》（TRIPS）中放入一些对发展中国家有利的知识产权的最高保护标准至关重要，并保证这样的最高保护标准在实践中起作用更为重要。

TRIPS－plus 造法之所以普遍发生，是因为它的发展有优势：TRIPS－plus 造法不违反国际条约制定的普遍参与原则和透明度原则；它还符合世界贸易组织的公平自由贸易原则和非歧视待遇原则；此外，它还设定了必要的限制。

TRIPS－plus 造法的最终目标是修订《与贸易有关的知识产权协定》（TRIPS）规定的现有知识产权保护标准，是因为它对世界贸易组织成员有效，有利于实现相对统一的知识产权国际保护。它同时会对没有加入协议或尚未采纳 TRIPS－plus 标准的国家形成一种“胁迫”，以迫使这些国家加入协议或采纳 TRIPS－plus 标准。

第七章

中国应对 TRIPS - plus 造法的建议

第一节　概述

《与贸易有关的知识产权协定》（TRIPS）将知识产权纳入到国际贸易体制中，使得知识产权一体化、国际化呈现新的趋势。[1]加入世界贸易组织以来，我国一直以符合《与贸易有关的知识产权协定》（TRIPS）和各种国际知识产权条约规定的“达标”为主要目标来制定我国的知识产权法律制度。在当代社会，知识产权是创新型国家维持技术优势、保护贸易利益和提升国际竞争力的

〔1〕　吴汉东：“国际变革大事与中国发展大局中的知识产权制度”，载《法学研究》2009 年第 2 期。

战略政策。中国作为新兴的工业化国家已经走上现代化道路，加强知识产权保护是我国推动经济发展和科技进步的内在动力。在未来的知识产权国际变革中，如果退出知识产权国际规则的制定，必定会被国际市场所抛弃。我国应发挥建设性作用，努力成为知识产权国际规则的制定者。[1] 我们应利用国际协调机制对抗发达国家不符合我国利益的 TRIPS - plus 标准，争取国际规则制定的话语权。2008 年 6 月国务院发布《国家知识产权战略纲要》，这表明中国已经站在战略全局的高度，重新审视知识产权制度的功用和地位。参与、完善知识产权制度将成为我国实施国家知识产权战略的一项重要内容。[2] 和美国、欧盟一样，中国在制定贸易协议的过程中也采用了双边、区域和多边主义的模式造法，但和美国、欧盟不同的是中国不会将国内法律制度移植给缔约方。目前中国 - 美国、中国 - 欧盟的双边贸易投资协定都经过了几轮谈判，在这个过程中，我们需要知己知彼，才能不被强加接受太多的知识产权“高标准”保护规则，或者即使我们可以以接受一些高标准的知识产权保护规则为代价换取一些我国切实关心的利益诉求。

知识产权制度是把双刃剑，国际知识产权保护制度的制定是各方利益博弈的结果。知识产权在发达国家已经有几百年的发展历史，但对于发展中国家来说是个“舶来品”。所以发展中国家在立法理念和立法技术上都与发达国家有差距，发展中国家需要精诚合作。只有在谈判各方的谈判能力相当的时候，达成的协议才倾向于使法律、政策和标准和谐化，或者在缔约国中丰富公共政

---

〔1〕 吴汉东：“中国知识产权法制建设的评价与反思”，载《中国法学》2009 年第 1 期。

〔2〕 吴汉东、郭寿康主编：《知识产权制度国际化问题研究》，北京大学出版社 2011 年版，第 237 页。

策，更容易达成一个相互妥协淡化标准的协议。[1]但是世界范围内各国家发展不平衡，经济差异较大，经济实力较差的国家或者较小的国家在谈判中很难发挥应有的作用。所以这就需要采用一些立法技术和团结共同利益团体来规避谈判地位的劣势。为了更好地在知识产权国际规则的谈判中发挥作用，我国应对知识产权进行价值评估，包括但不限于各类知识产权的数量和质量、各类知识产权在国民经济中的作用。目前，我国正在对产权保护水平是否符合国家发展的现实需要、我国各类知识产权在其他世界贸易组织成员中被侵权的情况、我国对知识产权产品出口的情况、我国国民对知识产权的认识等情况进行认真、科学的研究，为我国相关部门在谈判中提供科学的、符合我国国家利益的建议和主张。

进入知识经济时代以来，知识产权制度是美国、日本超越英国后来居上的重要因素，也是韩国从发展中国家跃升为创新型国家的基本动因。目前，印度在《印度2020年展望》中也强调印度未来的发展要从资本驱动型转向知识驱动型，发展面向全球的服务型知识经济。[2]2008年，国务院颁布的《国家知识产权战略纲要》也体现了我国对于知识产权的重视以及对于知识产权的发展目标。其中，传统知识、生物资源和民间艺术等对于历史悠久的传统国家地区来说是一种基本价值，但对于发达国家来说是一项政策目标。这种基本价值和政策目标作为知识产权国际保护规则制定的正当性基础，也将成为国际社会通过谈判妥协达成一致的基础。我国作为拥有传统资源的大国，应该积极主动参与知识产

---

〔1〕 Peter K. Yu, "Sinic Trade Agreements", 44 *U. C. Davis L. Rev.* 953, February 2011, pp. 964 ~ 965.

〔2〕 王景川、胡开忠主编：《知识产权制度现代化问题研究》，北京大学出版社2010年版，第145页、第160页。

权国际保护规则的制定。

第二节　中国知识产权保护中的国家利益

2008 年，国务院颁布的《国家知识产权战略纲要》就是国家利益的体现，它与国家经济、科技和社会发展战略紧密结合，与国家发展阶段相适应。我国应避免盲目追求发达国家过高的知识产权保护标准，同时又要适应建设创新型国家的制度需要。在《国家知识产权战略纲要》第二部分的“指导思想和战略目标”中规定了地理标志、遗传资源、传统知识和民间文学艺术等得到有效保护和合理利用；在第三部分“战略重点”中，适时做好立法工作也成为遗传资源、传统知识和民间文学艺术等方面需要完成的任务；在第四部分的“专项任务”中，遗传资源、传统知识和民间艺术与地理标志等一起，作为特定领域知识产权的工作任务加以具体规定。《国家知识产权战略纲要》着重强调这些方面主要是因为它们是我国的核心优势，也是现行的在国际立法中所谈判的重要议题，所以有必要先从国家利益出发，找出切实有利于我国发展的利益诉求，从而为未来的国际立法谈判做好准备。

一、中国传统知识的保护

早在中世纪人们就认为，在智慧财产领域知识生产与智能财产的创作是群体成员历时性和共时性“协作”的结果。〔1〕合作与借用是作者、牧师、哲学家彼此依赖的获得创造性来源的优先的

〔1〕 吴汉东、郭寿康主编：《知识产权制度国际化问题研究》，北京大学出版社 2011 年版，第 357 页、第 358 页。

创作方法，这也体现了群体主义。[1] 单独个人的发明是不可能的，基于群体性的努力结果的发明而只奖励个人是不公平的。[2] 可见对传统知识的保护有利于保障公平的分配利益，也即发明人和传统知识所有者的惠益分享。

勤劳的中国人民创造了璀璨的中华文明，为人类的社会文明做出了巨大贡献。在这悠久的历史发展中，中国人民积累了丰富的传统知识。所谓传统知识是指在漫长的历史过程中由以原住民为主的传统部族控制和创新的具有群体性的产物，是知识、技术、诀窍和经验的总和。在我国，有关传统知识保护的法律还没有制定。现行的知识产权制度只能从某些方面保护传统知识，而不能从整体上充分有效地保护传统知识。所以，传统知识保护的法律缺位问题已经是传统知识保护的核心问题。2004 年 8 月，我国全国人大常委会批准加入《保护非物质文化遗产公约》。为了更好地与国际公约接轨，早在 2005 年的国家知识产权战略制定计划时已经把传统知识正式纳入知识产权保护法律制度。2011 年 6 月 1 日开始实施的《非物质文化遗产法》是传统知识保护的专门法，共 6 章 45 条，它规定了非物质文化遗产的调查、项目名录、传承和传播及法律责任。

二、中国生物遗传资源的保护

中国幅员辽阔地貌多变，复杂多样的生态系统使得我国成为世界上生物遗传资源极其丰富的国家之一。我国还是世界八大农作物起源中心之一和世界四大栽培植物起源中心之一，还有世界

〔1〕 吴汉东、郭寿康主编：《知识产权制度国际化问题研究》，北京大学出版社 2011 年版，第 358 页。

〔2〕 吴汉东、郭寿康主编：《知识产权制度国际化问题研究》，北京大学出版社 2011 年版，第 358 页。

"花园之母"的美称。[1] 20 世纪 80 年代以来，我国陆续制定了诸多与生物遗传资源保护有关的法律规章制度，比如《森林法》、《野生药材资源保护管理条例》、《人类遗传资源管理办法》，等等。但是国内的现有法律体系庞杂，管理机构职责重叠冲突，致使国内生物资源向境外的非法移转频频发生，外国公司以中国生物资源为基础进行研发并寻求知识产权保护的案例随处可见。早在 1993 年我国就加入了《生物多样性公约》，但是由于国内对生物遗传资源的保护一直持漠视态度，这才有了美国孟山都公司申请大豆（大豆作为植物品种是我国所特有的生物资源）专利的案件。巴西作为遗传资源国际立法的"急先锋"，虽然其法律制度还不是很完善，但它意识到遗传资源的法律制度不仅是一个防御和战斗的工具，对于发展中国家来说它还是一个消除贫穷推动发展的工具。巴西在 2010 年实施的经过第三次修订的《专利法》要求申请专利时需要披露所使用遗传资源的来源。我国早已规定了基因专利的保护，但是由于基因专利的权利范围没有明确，导致获批基因专利不多。目前我国正在制定《生物遗传资源保护条例》，将对遗传资源的获取和惠益分享做出具体规定。

三、中国地理标志的保护

由于中国历史悠久，具有特色的产品数不胜数，对它们进行保护至关重要。2002 年施行的《商标法实施条例》第 16 条是我国首次明确规定可以利用注册集体商标来保护地理标志。除了我国现行商标法规定了地理标志的保护外，2003 年国家工商行政管理总局修订了《集体商标、证明商标注册和管理办法》，进一步详细

---

〔1〕 薛达元、崔国斌、蔡蕾、张丽荣：《遗传资源、传统知识与知识产权》，中国环境科学出版社 2009 年版，第 286 页。

规定了以集体商标和证明商标来保护地理标志。2005 年，国家质量监督检验检疫总局发布了《地理标志产品保护规定》。我国现行地理标志保护是法律和行政法规的并行机制，造成这种现象主要是由于法律移植和美国与欧盟的影响，用商标法保护地理标志是美国的方式，而运用专门立法来保护地理标志是法国努力的结果。我国对于地理标志保护的意识也相对落后，造成很多地理标志被滥用，比如大理石和绍兴酒已成为同类商品的通用名称。目前，我国应该注意到地理标志在经济上的效用，应正确评估我国所拥有的地理标志的数量和质量，以及潜在的地理标志资源。2011 年我国启动了第二次全国地理标志调研报告，经过调研发现，全国地理标志产值达到 8379 亿元，地理标志已成为一大产业，是国民经济的重要组成部分，应关注、保护与发展地理标志，提高地理标志产业的竞争力，发挥地理标志的综合价值。而且根据《与贸易有关的知识产权协定》（TRIPS）第 24 条的规定，地理标志在成员间受保护的前提条件是在本国受到保护。所以我国应先在国内加强地理标志的保护，防止淡化，防止抢注，并加强在海外的宣传。

四、中国互联网知识产权的保护

进入 20 世纪以后，先进的科学技术为经济发展提供了大量的机会，同时也对法律制度的制定提出了挑战。我国的信息化进程几乎和发达国家同步，而且我国正试图利用后发优势缩小与发达国家的差距。为了保护信息高速公路上的知识产权，20 世纪末期，世界知识产权组织制定了“网络条约”——《世界知识产权组织版权条约》和《世界知识产权组织表演和录音制品条约》保护数字网络的创作成果。我国已于 2007 年加入这两个条约。为了加入《世界知识产权组织版权条约》和《世界知识产权组织表演和录音制品条约》，我国在 2006 年 7 月颁布实施了《信息网络传播条例》，此条例基本与“网络条约”的规定保持一致，但是对数字网络环境下认识不透的问题未作规定或作简略的规定，比如未规定临时复制；规定了技术措施的保护以及可例外的情形；规定了发展教育和扶助贫困的法定许可；规定了免除赔偿责任的情形和通知删除程序。在信息科技持续发展的前提下，作为拥有世界上最多网络用户的国家，这中间蕴含了诸多经济利益，数字领域的知识产权问题对于发达国家和发展中国家都是一个新议题，而且也是必争之地，发展中国家除了在世界知识产权组织下制定发展目标外，还得想办法将发展目标融入具体的法律和政策的制定中，尤其是互联网的知识产权问题对我国这样的网民大国有诸多潜在的经济利益，我国应该积极参与互联网知识产权保护的国际规则的制定。

第三节 中国应采用各种 TRIPS－plus 造法模式来体现国家利益

中国参加世界贸易组织，必须履行业已形成的知识产权国际保护制度所规定的义务，在 TRIPS－plus 的动态造法过程中，我们也应该积极参与，吸收借鉴发达国家的 TRIPS－plus 造法经验并利用其造法模式，从我国实际出发，争取在知识产权国际规则的制定中体现我国的国家利益。无论采用发达国家还是发展中国家的 TRIPS－plus 造法模式，在推行我国的国家利益时，也得兼顾人类社会发展的公共问题，不得滥用《与贸易有关的知识产权协定》（TRIPS）所赋予的知识产权权利，只有这样的 TRIPS－plus 知识产权国际保护准则才具有普适性，才能得到发展推广，同时也能为中国知识产权产品出口和知识产权转让许可保驾护航。

一、发达国家 TRIPS - plus 的造法模式体现国家利益

在 TRIPS - plus 造法过程中，发达国家继续采用双边、区域、复边和多边的贸易投资协议来推高知识产权的保护标准以实现其 TRIPS - plus 造法的目的。通过前面章节的研究，不难发现发达国家在双边、区域和多边的贸易投资协议中始终坚持其既定的知识产权国家利益，而且是利用以上 3 种模式反复推进直到其所关心的知识产权利益在国际上得到普适性的保护为止。此外，新近的复边主义模式也值得注意，它集合了共同的利益团体，而且在各利益团体的地域范围内对知识产权进行保护。同时由于《与贸易有关的知识产权协定》（TRIPS）规定的最惠国待遇原则可能造成运用复边主义模式制定的任何 TRIPS - plus 标准会对所有《与贸易有关的知识产权协定》（TRIPS）成员有效力，这种新的 TRIPS - plus 的造法模式使得发达国家的知识产权共同利益一下子成了所有世界贸易组织成员“普适性”价值。知识产权法律是一把双刃剑，其实 TRIPS - plus 造法模式也没有特定的褒贬标签，相反无论是发达国家或是发展中国家都可以利用这些造法模式来将各国的国家利益推广为被广泛接受的国际准则。在这一点上，美国做了很好的示范，比如，美国在推广其高标准的知识产权保护时，先是利用双边、区域和复边主义模式逐个击破，等时机成熟便推行多边主义模式，多边主义模式运行一段时间后无法实现其高标准的要求时，再转而利用双边、区域和复边主义模式逐个击破，规定更高的知识产权保护标准。美国就是这样周而复始地利用各种 TRIPS - plus 造法模式不断提高知识产权保护标准，并最终实现其国内利益诉求。这种 TRIPS - plus 造法的立法技术值得我国学习运用，但是我国应该推广符合我国利益的正当合理且具有普适性的 TRIPS -

plus 知识产权保护标准。

二、发展中国家 TRIPS－plus 的造法模式体现国家利益

随着知识产权国际规则制定论坛的不断转换，发展中国家参与国际规则制定的力量也逐渐增强，特别是在一些与人类社会发展息息相关的议题上，得益于国际组织和非政府组织的支持，发展中国家不断采用“TRIPS 与……问题”的造法模式来推动 TRIPS－plus 造法向良性的轨道发展，迄今为止所取得的显著成就就是《TRIPS 与公共健康宣多哈宣言》，而且它已经步入修订《与贸易有关的知识产权协定》（TRIPS）的道路。这是发展中国家在 TRIPS－plus 造法上鼓舞人心的胜利。目前，发展中国家在《与贸易有关的知识产权协定》（TRIPS）的框架下加入了一些“TRIPS 与公共健康”、“TRIPS 与传统知识和民间艺术的保护”、“TRIPS 与遗传资源”，等等。这些国际立法问题都是和我国国家利益息息相关的重要议题，我国应采取积极主动的态度参与国际立法的谈判。印度在《与贸易有关的知识产权协定》（TRIPS）制定过程中争取的有利于发展中国家的灵活性条款的经验值得我们研究借鉴，以及发达国家在谈判中的立法技术也值得我国深入研究，特别是加入限定性的最高知识产权保护标准的经验。此外，由于《与贸易有关的知识产权协定》（TRIPS）的体制缺陷，多边体制下成员较多，且存在较大的利益差异，对同一问题协商一致难上加难。因此应该团结有共同利益的国家先制定一些小范围内即对数目有限的缔约方间的有效的知识产权保护规则，然后逐步将其推向多边统一的知识产权保护体制。

三、通过世界贸易组织争端解决机制来实现国家利益

世界贸易组织框架下的知识产权保护之所以比世界知识产权

组织下的知识产权保护适用面更广就是因为世界贸易组织有争端解决机构，成员国发生争议时可以提起磋商，直至相互报复。如前所述，美国等发达国家通过世界贸易组织争端解决机制迫使缔约方修改国内法以达到发达国家所期望的知识产权保护标准，以印度、巴西为首的发展中国家也利用世界贸易组织争端解决机制阻却发达国家主张 TRIPS－plus 高标准，同时推行自己主张的对人类社会发展有利的知识产权标准。这样积极利用争端解决规则实现本国利益的智慧值得我国学习。目前，我国在知识产权领域仅应对过美国对我国著作权法、刑事门槛、海关措施的磋商请求，并根据专家组和上诉机构的报告对本国法律作了修改。这种积极应对是有益的尝试，通过这次争端解决，中国积累了在世界贸易组织知识产权争端中如何表达诉求，如何实现国家利益的检验。虽然这次争端解决的结果是我们修改了《中华人民共和国著作权法》第 4 条作品保护范围的规定，但对于刑事门槛、海关措施等条款美国更关心的利益却没有如愿以偿，这是对美国推行 TRIPS－plus 高标准的一次有力的阻却。在未来，中国可以主动运用世界贸易组织争端解决机构向美国、欧盟等高标准的不符合我国利益的知识产权保护提起磋商，以阻滞其发展。

第四节　中国对于 TRIPS－plus 造法应有的影响

知识产权制度全球化一体化的趋势不可避免，这寓意在全世界范围内知识产权保护的基本原则和具体标准的普适性。知识产权一体化的潮流有其显著特征：其基础是国际法高于国内法；其结果是知识产权保护的高标准化；其内容涵盖实体规范和程序规范；

其实质是知识产权国际保护体制与国际贸易体制相互结合。[1]《与贸易有关的知识产权协定》（TRIPS）所规定的最低的知识产权保护标准，迟早要被 TRIPS - plus 造法产生的标准所修订。在 TRIPS - plus 造法的过程中，我国应发挥应有的影响，抵制发达国家推动的严苛知识产权保护标准，使 TRIPS - plus 标准适应时代、人类社会共同发展的需要，最大限度实现知识产权法律国际化和本土化的协调。坚持知识产权保护水平和一个国家的经济发展水平相适应，不能超出或落后于某一历史阶段的经济和科技发展所决定的知识产权保护水平。坚持知识产权的保护范围也和一个国家的经济发展水平相适应，不能不适当地扩大知识产权保护范围，也不能不适当地缩小知识产权保护范围，应逐步推动知识产权保护范围的扩大。推动我国具有优势的知识产权资源的国际保护，争取降低我国不具有优势的知识产权的保护水平，履行知识产权国际公约规定的义务的前提下，灵活解决中国知识产权保护的具体问题。[2]

一、中国的经济发展现状

我国的政府工作报告以及很多的政府文件中都提到知识产权的保护，主要包括：加强知识产权保护，取得一批拥有自主知识产权的成果，将这些知识产权成果产业化。据估计，2011 年中国进出口的国际贸易量跃居世界第一。世界贸易发展离不开中国，中国经济的持续增长也离不开世界。而且中国近年来经济发展的 70% 来自对外贸易。2011 年中国专利申请量跃居世界第一，在世

---

〔1〕 吴汉东："后 TRIPs 时代知识产权制度的变革与中国的应对方略"，载《法商研究》2005 年第 5 期。

〔2〕 吴汉东："后 TRIPs 时代知识产权制度的变革与中国的应对方略"，载《法商研究》2005 年第 5 期。

界上我国所拥有的专利总量仅次于美国和日本。在国家政策鼓励和经济飞速发展下，未来我国会拥有越来越多的知识产权利益，如何在 TRIPS－plus 的造法中保护这些利益是我国对 TRIPS－plus 造法应有的影响。中国的多数产业也得到了迅猛发展，但并不是所有产业都得到了飞速发展，比如电影产业。电影产业和我国文化传播息息相关。我国目前面临严重的“文化赤字”，对外文化交流出现逆差，美国的大片、日本的动漫和韩国的电视剧都对我国文化形态和思想观念产生了很大影响和很强的冲击，这使得我国的文化贸易与西方专业化的文化运作相比处于明显劣势。〔1〕应当采用适当的方法刺激和提升我国文化产品的竞争力，比如运用发达国家曾经使用的关税、补贴政策或者制定产业促进法。目前，我国正在制定《电影产业促进法》，2011 年 12 月公布的征求意见稿中，采取降低电影拍摄准入门槛，监管瞒报票房、贴片广告，以及对电影的制作给予税收优惠等多项措施来促进电影产业的发展。此外，电影的禁止拍摄的内容有所增加。新时代的经济优势是服务型的知识经济，电影业的发展是发挥这种优势的必然选择，我国在国内制定法律的基础上，应多多研究美国的相关先进经验，以及印度在此方面所取得的卓越成就，从而总结出适合我国国情需要的电影产业保护法律，并将其推向知识产权国际立法环节。此外，韩国将版权上升为版权产业，也足见知识产权对其国民经济发展的助推，以及与其他行业的相互辅助作用。对我国来说，有好的法律环境才能促进版权作品走出国门服务世界。

二、技术革新带来的新问题

新世纪以来，以数字领域革命和生物技术革命为主题的世界

〔1〕 冯寿波：《论地理标志的国际法律保护——以 TRIPS 协议为视角》，北京大学出版社 2008 年版，第 91 页。

新技术已经将人类社会从工业经济时代推向知识经济时代。〔1〕技术革新带来许多新的问题，这些问题在《与贸易有关的知识产权协定》（TRIPS）制定时并没有出现，现在对知识产权国际立法提出了挑战。不仅发达国家应该考虑制定针对新技术的法律制度，中国也应该积极寻找解决新技术带来的新问题的办法。中国一方面应在国内充分研究评估各种新问题的损益，另一方面应积极主动参与国际条约的谈判制定，利用国际公约制定需签字交存后才生效的规定，根据自身利益再确定具体加入国际公约的时间。

（一）基因专利

对于基因专利，主要考虑：微生物技术、植物品种、动物品种、生产动植物的实质性生产方法、多核苷酸分子、人类克隆技术和医疗方法中的生物技术的可专利性。美国对待这些问题多采用开放的态度，不界定具体的权利边界；欧盟的法律多明确排除某类基因的可专利性。美国作为新兴技术的主要国家，同时在其私人集团的推动下，现阶段对一些新兴技术带来的问题保持缄默并不代表在未来时机成熟之时他们不会推动 TRIPS - plus 的造法活动，更何况这又是美国反复适用驾轻就熟的推动知识产权国际立法的手段。欧盟成员大多数有着较长的发展历史而且作为工业革命的发源地它们对于很多问题都有过深刻的思考，所以他们对于新兴技术的可专利性已经有了自己的主张不足为怪。此外，东盟在《获得生物和基因遗传资源的框架协定》中指出："鉴于生物和基因遗传资源还没有国际条约对其进行有效规制，现在为了维护东盟国家的利益，以防止生物海盗行为的需要非常紧迫。"〔2〕安

〔1〕王景川、胡开忠主编：《知识产权制度现代化问题研究》，北京大学出版社 2010 年版，第 141 页。

〔2〕ASEAN，"ASEAN Framework Agreement on Access to Biological and Genetic Resources"，参见 http://www.grain.org/brl/? docid =785&lawid =1261，访问日期：2014 年 8 月 25 日。

第斯共同体[1]和非洲联盟都规定了遗传资源保护的相关区域协定。

对于上述基因的可专利性，我国应意识到生物海盗行为的存在，但是不能采取激进的知识产权立法手段，在我们所熟悉的领域，实现推进法律制定，可以作为范例演进为其他基因的可专利性提供参考基础。比如，我国已把“疾病的诊断和治疗方法发明”划入了生物技术发明的范围，[2]这说明在我国医疗方法中的生物技术是可以申请专利的。在植物品种的保护过程中，应注意协调农民的权益，而不要采用美国式的严苛的植物品种保护。

（二）数字领域下的知识产权问题

早在1966年，世界知识产权组织就草拟了《数据库条约》，此条约与《世界知识产权组织版权条约》和《世界知识产权组织表演和录音制品条约》一并提交到世界知识产权组织的外交会议上，由于国际社会经济文化水平的差异，对此公约没有进行实质性讨论。数据库的保护是国际社会广泛关注的问题。世界上大多数国家用版权法中的汇编作品规定来对数据库进行保护，比如美国、德国和中国等，此外欧盟有专门的欧盟数据库权制度。对于数据库的保护，由于各国担心不能自由无偿获得或享用数据，一直受到抵制。多数的发达国家认为应该保护数据库，比如美国和欧盟；认为没有必要保护数据库的国家有印度、巴西和新加坡；仍持观望态度的是日本和越南；我国认为有保护数据库的必要但尚不存在立法的急迫性。[3]

我国目前没有专门的数据库立法，只有《中华人民共和国著

---

〔1〕 由玻利维亚、哥伦比亚、厄瓜多尔、秘鲁和委内瑞拉5国组成。

〔2〕 王景川、胡开忠主编：《知识产权制度现代化问题研究》，北京大学出版社2010年版，第207页。

〔3〕 高富平：《信息财产——数字内容产业的法律基础》，法律出版社2009年版，第403页。

作权》中的汇编作品的规定可以对数据库进行保护。我国有学者认为有必要在国内和国际层面制定法律专门调整数据库的保护。[1]中国目前基本认同的数据库保护包括：数据库包括电子形式和非电子形式；数据库应具有独创性，付出劳动应获所得的"额头流汗原则"不适用于数据库的保护；对具有独创性的数据的保护应与版权法其他作品一样适用同样的保护；应当制定数据库权来保护数据库，并建立相应的登记制度来保证权利的实施；数据库作者享有署名权和使用、许可、转让、公开数据库的权利；规定数据库的合理使用和强制许可；数据库的保护期限可因数据库价值变化而更新或续展。[2]

世界知识产权组织数据库条约开始讨论将近 20 年之久，目前还没有任何进展。既然我国已经认为应该保护数据库权利，虽然我国没有立法的迫切性，但在数字时代为数据库保护提供基本的秩序有其必要性，所以可以先考虑在国内研究考察何种的制度适合我国的经济发展需要，在适当的时机制定相关的国内数据库法律，然后再将国内考虑清楚的规则推向国际，为我国的数据库保护在国际规则制定中争取先机。

三、中国传统资源优势

国际社会正在酝酿一种新型的、与传统信息及信息材料相关联的，与现代知识产权制度相区别的传统资源权制度。[3]对于传

---

〔1〕 高富平：《信息财产——数字内容产业的法律基础》，法律出版社 2009 年版，第 406 页。

〔2〕 Jiang Qinfeng, Luo Hong, "Report Q182: Database protection at national and international level in the name of AIPPI China Group", http://www.aippi - china.org/main_09.html，访问日期：2014 年 8 月 25 日。

〔3〕 吴汉东："后 TRIPS 时代知识产权制度的变革与中国的应对方略"，载《法商研究》2005 年第 5 期。

统资源权的规制，既涉及一国的国内利益又关乎国际规则的协调，这将导致形成一种新的利益格局。我国更应该积极运用传统资源的优势，对抗发达国家激进的 TRIPS - plus 标准，争取国际规则制定的话语权，联合其他发展中国家进行制度创新，并争取更多国家的支持，在共识的基础上，建立传统资源利用和保护的知识产权法律制度体系。针对传统资源的保护，应该包括的主要内容是：建立事先知情同意，共同商定惠益分享条件和建立生物资源来源证书制度。

（一）传统知识

我国作为传统知识大国，许多传统知识被美国、韩国和日本无偿利用并为它们创造了巨额的商业利益。但是目前我国对传统知识的范围界定和分类尚不明确，有必要吸收借鉴国外的先进经验，比如 2010 年非洲区域知识产权组织（ARIPO）制定的《保护传统知识及民间文学艺术作品的斯瓦科普蒙德议定书》中对于传统知识就规定了较为宽泛的概念，即“传统知识应当指的是任何源自一个地方或传统群体的知识，产生自传统情境下的智力活动和深刻见解，包括商业秘密、技能、创新、习惯做法和学识，体现在群体的传统生活方式中，或者包含在代代相传的记录性知识体系中。该术语不得局限于某一特定的技术领域，可以包括农业、环境或医学知识，以及有关遗传资源的知识。”[1] 此外，民间文学艺术以其悠久的历史、丰富的内容、绚丽多姿的表达形式和神秘色彩，成为现代文学艺术创作的重要源泉。但发达国家主导的知识产权保护重点强调的是创新，它通过利用现代技术和传播手段把别国的文化遗产转化为知识产权保护的客体，然而对于他国

---

〔1〕 ARIPO, *Swakopmund Protocol On The Protection Of Traditional Knowledge And Expressions Of Folklore*, §2.1

文化遗产的利用不给予任何补偿。我国对于民间文学艺术的保护只在《著作权法》第 6 条规定了“民间文学艺术作品的著作权保护办法由国务院另行规定”。目前，我国在进行第三次著作权法的修订，这次修订的基调就是变“被动接受”为“主动修订”，要具有前瞻性，而且理论界也在讨论是否要在著作权法中细化民间文学艺术作品保护的问题。2006 年 10 月，世界知识产权组织起草完成了《保护民间文学艺术草案》，这是世界知识产权组织在民间文学艺术保护方面做出努力的最新成果。民间文学艺术越是在封闭的环境中发展就越具有鲜明特色。我国作为世界文化之林中的重要的一员对文化的多样性有益，在制定相关民间文学艺术保护的法律制度时应坚持惠益分享和尊重习惯的原则。

（二）中药

目前我国已有 900 多种中草药项目被外国公司在海外申请注册了专利，比如，我国所特有的药用价值极高的银杏已经被法国和德国公司申请了专利；[1] 韩国申请了牛黄清心丸的专利，我国现在生产此药需要得到韩国的专利许可。我国中药产业也发展迅速，产值翻番，但同时造成的副产品就是药用生物资源的下降和枯竭，导致许多种类衰退或濒临灭绝。2011 年 10 月马来西亚《传统及辅助医药法案》进入审核阶段，马来西亚卫生部长称将在法令保护下和中国中医药界密切合作，共同推动中医药保护在东南亚的全面发展。[2] 国外知名学者也认为中国应该推动中医药的保护。[3]

---

〔1〕 薛达元：《遗传资源、传统知识与知识产权》，中国环境科学出版社 2009 年版，第 292 页。

〔2〕 参见 http://www.chinanews.com/hr/2011/07-18/3189778.shtml，访问日期：2014 年 8 月 25 日。

〔3〕 笔者在与 Susan K. Sell 的交谈中问及中医药该不该寻求知识产权保护，Susan K. Sell 认为中国应该推动中医药的知识产权保护。

我国正在制定《传统医药法》和准备制定《中医药传统知识保护条例》，这将是我国总结具体化中医药保护的第一步。同时还应该吸收借鉴发达国家药品专利的先进经验，研究一套符合我国国情的中药知识产权保护制度。我国作为中药的发源地，除了在国内建立健全具体的法律制度保护其知识产权外，还应加强中药的国际保护，充分利用现有国际保护机制，加强与各国的交流合作，争取将国内的行业标准推广为国际标准，创设一套有利于中药知识产权保护的 TRIPS－plus 标准。

（三）地理标志

与商标一样，地理标志是为解决市场上信息方面的某些失败问题而产生的，主要是为了消费者搜寻特定质量特征的产品。〔1〕地理标志在国际贸易中的指示作用比国内的商业作用更大，所以在国际社会中早就存在地理标志保护的诉求。在世界贸易组织框架下，众多成员或有共同利益的成员集团根据其对保护地理标志的利益诉求提出了诸多建议，美国和欧盟在这一问题上分歧很大，我国应积极参与地理标志保护标准的制定。否则，印度 Basmati 大米遭美国公司申请专利保护造成印度每年损失 23.5 亿美元大米出口市场的教训，〔2〕就会在我国重演。我国有源远流长的饮食文化，把标有地理标志的产品出口有利于向国际社会宣传中国文化。保护地理标志对国家有重大意义，对消费者有简便选择的意义和对生产者有提升竞争力的意义。在国际地理标志的保护上，我国一直未参与世界贸易组织框架下地理标志保护的讨论，这与我国拥有丰富的地理标志资源不相称，也会导致国际上滥用我国地理

〔1〕冯寿波：《论地理标志的国际法律保护——以 TRIPS 协议为视角》，北京大学出版社 2008 年版，第 88 页。

〔2〕冯寿波：《论地理标志的国际法律保护——以 TRIPS 协议为视角》，北京大学出版社 2008 年版，第 333 页。

标志现象的发生。目前我国地理标志的保护还存在商标保护和地理标志保护的冲突，应先健全完善我国的地理标志保护制度，然后重视地理标志法的实施，积极参与地理标志保护的国际谈判，促使加强地理标志的国际保护，以实现我国地理标志利益的最大化。

四、中国应积极应对发达国家的 TRIPS－plus 造法

2001 年多哈会谈以来，世界贸易组织谈判陷入僵局，发达国家把谈判重心从世界贸易组织转向了更易达成协议的双边、区域和复边场合，通过缔结分散的贸易投资协定提高了知识产权保护标准，导致发展中国家根据自身国情制定适当知识产权政策的自主空间变小。对于发达国家 TRIPS－plus 造法规定的严苛的知识产权保护标准，我们应该仔细研究，在不能准确衡量其是否对我国有利前，可以参与谈判，但先不签字批准。这样可以更好地了解发达国家制定这些标准的初衷，也为我国未来参与甚至主导知识产权国际立法提供思路。对于不符合我国利益同时对我国国民经济影响重大的 TRIPS－plus 标准，我们应主动就这些高标准向世界贸易组织争端解决机构提请磋商，以防止这些标准向多边的知识产权保护体系渗透。应该承认我国目前就具体问题创设符合自身利益的具体规则能力不佳，而且从民间到官方对于知识产权的强保护都有防备心理，这样将不利于我国更多地参与知识产权国际条约制定的谈判。

第五节　小结

通过本章的研究，发现 TRIPS－plus 造法趋势是不可逆的，而且 TRIPS－plus 造法不见得天生就是不利于发展中国家的知识产权

保护标准，它并不存在天然的“恶”本性。知识产权国际条约通常都是设定知识产权的保护标准，而通过什么立法技术达到知识产权国际条约的保护标准由其条约各成员决定。我国正处在高速发展的道路上，无论是对外经济贸易量还是年专利申请量都居世界之首，而且政府也注意到促进知识产权产业发展的重要性。所以我国应以积极的态度应对 TRIPS - plus 知识产权国际造法。目前，我国已经建立了比较完善的知识产权保护体系，国内立法与国际立法基本对接，对各种知识产权类型都有相应的法律保护，还加入了大量的主要知识产权国际公约。TRIPS - plus 是必然发生且正在发生的知识产权保护的国际立法。面对这个趋势，我国政府已经确定我国的国家利益所在，比如传统知识、生物遗传资源、地理标志和互联网知识产权保护的问题。在这些方面应该先完善国内的法律体系，知识产权国际保护最终是为促进各国国内相关产业服务的，所以参与谈判的国家各部门必须掌握企业切实关心的知识产权保护问题，可以鼓励企业按年提交知识产权问题舆情报告。同时，国家相关部门应将知识产权国际公约的最新动态传递给企业，以便他们提出与自己利益相关的知识产权保护问题。只有企业和国家相关部门的密切合作才能有利于我国在知识产权国际公约的制定过程中更好地体现国家利益。然后，积极应用发达国家和发展中国家使用过的 TRIPS - plus 造法模式，来推行我国的国家利益在知识产权国际立法中体现。一方面，我国应积极参与各种知识产权国际条约的谈判，让世界听到中国的声音。世界上的一些国家总是埋怨我们不积极参与国际法律制定的谈判，以至于一部分国家或地区认为中国是在默许接受他们的要求。[1]另

---

〔1〕 Charles R. McManis, “The Proposed Anti - Counterfeiting Trade Act (ACTA): Two Tales of Treaty”, 46 *Hous. L. Rev.* 2009.

一方面，我国不积极参与这些谈判将有两个边缘化效应：在制定国际条约的过程中越来越被边缘化；自己所关心的利益也被边缘化。最后，客观评估我国对于目前正在发生的 TRIPS - plus 造法应该有的影响，应该摒弃被动观望的状态，积极主动参与知识产权保护的国际立法。我国应该关注世界贸易组织和世界知识产权组织关于知识产权的所有议题。涉及我国国家利益的知识产权议题，要做到必须参加而且积极参与讨论；未涉及我国国家利益的知识产权议题，也要派出观察员，在必要的时候代表中国发出声音，为未来中国加入该条约做好必要的准备。只有这样才能让其他国家了解中国的诉求，也只有这样才能使中国在现代技术竞争和传统资源的保护上有话语权，并推行我国优势资源的国内标准的国际化。中国作为世界上重要的经济力量之一，要从本国产业利益出发提出建议以实现国家利益，并且推动 TRIPS - plus 造法向普适性的正义道路前进。

结 论

TRIPS－plus造法一直是发展中的事物，而且其趋势是不可逆的。TRIPS－plus造法主要是由发达国家主导的，表现为不断推高的向知识产权权利人“一边倒”的“棘齿”保护标准。但在后TRIPS时代，由于意识到人类发展所需要的基本利益，比如公共健康、传统知识、遗传资源等，发展中国家、国际组织和一些非政府组织也参与到TRIPS－plus的知识产权造法中来。世界贸易组织不排斥社会利益。TRIPS－plus造法也不是天生就不利于发展中国家的知识产权保护标准，它并不存在天然地阻却发展中国家发展的“恶”本性。随着全球化的发展，在TRIPS－plus造法中，也不存在泾渭分明的利益团体，在某个问题上发达国家是利益共同体，但在某个问题上发达国家和发展中国家也可能成为利益共同体。但需要强调的是，目前绝大多数的TRIPS－plus造法，仍然是由惯用 TRIPS - plus 造法模式的美国和欧盟主导，有些发展中国家的加入，也只是作为美国或者欧盟的利益同盟出现。

在 TRIPS - plus 造法动态过程中，中国作为世界上重要的经济力量之一，应发挥应有的影响。一方面，对于现存的不符合我国利益的严苛的 TRIPS - plus 知识产权保护标准，可以通过世界贸易组织争端解决机构来质疑其合法性以抵制其发展；另一方面，在未来的 TRIPS - plus 造法中，中国应该积极参与并努力成为知识产权国际规则的制定者。我国应与具有共同利益的团体精诚合作，吸收借鉴发达国家的 TRIPS - plus 造法经验和立法技术并充分利用各种 TRIPS - plus 造法模式，使 TRIPS - plus 造法适应时代、人类社会发展的共同需要，以便最大限度实现《与贸易有关的知识产权协定》（TRIPS）的目标——利益平衡。国际社会需要公正合理的国际规则，只有这样才能构建和谐世界，实现永久和平。

参考文献

一、中文论著

1. 曹世华等：《后 TRIPS 时代知识产权前沿问题研究》，中国科学技术大学出版社 2006 年版。

2. 陈福利：《中美知识产权 WTO 争端研究》，知识产权出版社 2010 年版。

3. 董新凯、吴玉玲主编：《知识产权国际保护》，知识产权出版社 2010 年版。

4. 高富平：《信息财产——数字内容产业的法律基础》，法律出版社 2009 年版。

5. 法律法规中心编：《中华人民共和国知识产权法律法规全书》，法律出版社 2010 年版。

6. 冯寿波：《论地理标志的国际法律保护——以 TRIPS 协议为视角》，北京大学出版社 2008 年版。

7. 冯晓青主编：《全球化与知识产权保护》，中国政法大学出版社 2008 年版。

8. 唐安邦主编：《中国知识产权保护前沿问题与 WTO

知识产权协议》，法律出版社 2004 年版。

9. 孔祥俊、武建英、刘泽宇编：《WTO 规则与中国知识产权法——原理、规则、案例》，清华大学出版社 2006 年版。

10. 李琛：《知识产权法关键词》，法律出版社 2005 年版。

11. 李琛：《著作权基本理论批判》，知识产权出版社 2013 年版。

12. 李浩培：《条约法概论》，法律出版社 2003 年版。

13. 刘春田：《知识产权法》，中国人民大学出版社 2009 年版。

14. 刘春田主编：《知识产权判解研究》（2009 年第 2 卷第 2 期），法律出版社 2010 年版。

15. 刘筠筠、熊英：《知识产权国际保护基本制度研究》，知识产权出版社 2011 年版。

16. 凌金铸：《知识产权因素与中美关系（1989 ~ 1996）》，上海人民出版社 2007 年版。

17. 沈国兵：《与贸易有关知识产权协定下强化中国知识产权保护的经济分析》，中国财政经济出版社 2011 年版。

18. 沈四宝：《法律的真谛是实践》，法律出版社 2008 年版。

19. 沈四宝、褚红军主编：《入世的后过渡期下我国立法与司法的完善》，对外经济贸易大学出版社 2007 年版。

20. 沈四宝主编：《世界贸易组织法教程》，对外经济贸易大学出版社 2009 年版。

21. 唐广良、董炳和：《知识产权的国际保护》，知识产权出版社 2006 年版。

22. 田力普主编：《中国企业海外知识产权纠纷典型案例启示录》，知识产权出版社 2010 年版。

23. 王景川、胡开忠主编：《知识产权制度现代化问题研究》，北京大学出版社 2010 年版。

24. 吴汉东、郭寿康主编：《知识产权制度国际化问题研究》，北京大学出版社 2010 年版。

25. 薛达元、崔国斌、蔡蕾、张丽荣：《遗传资源、传统知识与知识产权》，中国环境科学出版社 2009 年版。

26. 杨静:《自由贸易协定知识产权条款研究》，法律出版社 2013 年版。

27. 张勤、朱雪忠主编:《知识产权制度战略化问题研究》，北京大学出版社 2010 年版。

28. 张桂红:《与贸易有关的知识产权成案研究》，中国人民大学出版社 2010 年版。

29. 郑成思:《WTO 知识产权协议逐条讲解》，中国方正出版社 2001 年版。

30. 朱榄叶、刘晓红主编:《知识产权法律冲突与解决问题研究》，法律出版社 2004 年版。

31. [美] 苏珊·K·赛尔著，董刚、周超译:《私权、公法——知识产权的全球化》，中国人民大学出版社 2008 年版。

32. [美] 小约瑟夫·奈著，张小明译:《理解国际冲突: 理论与历史》，上海世纪出版集团 2009 年版。

33. 中国人民大学知识产权教学与研究中心、中国人民大学知识产权学院编:《知识产权国际条约集成》，清华大学出版社 2011 年版。

34.《十二国著作权法》翻译组译:《十二国著作权法》，清华大学出版社 2011 年版。

35. 世界贸易组织 (WTO) 2010 年度报告。

36. 美国知识产权执法协调员:《2010 年知识产权执法年报》。

二、外文论著

37. Brad Sherman and Lionel Bently, *The Making of Modern Intellectual Property Law (The British Experience, 1760 ~ 1911)*, Cambridge; New York: Cambridge University Press, 1999.

38. Carolyn Deere, *The Implementation Game: The TRIPS Agreement and The Global Politics of Intellectual Property Reform in Developing Countries*, Oxford; New York: Oxford University Press, 2009.

39. Christopher Heath and Anselm Kamperman Sanders, *Intellectual Property and Free Trade Agreements*, Oxford; Portland. Or.: Hart, 2007.

40. Donatella Alessandrini, *Developing Countries and The Multilateral Trade Regime: the Failure and Promise of the WTOs' Development Mission*, Oxford; Portland. Or,: Hart, 2010.

41. Daniel J. Gervais, *Intellectual Property, and Trade & Development: Strategies to Optimize Economic Development in a TRIPS - plus Era*, Oxford; New York: Oxford University Press, 2007.

42. Ian F. Fergusson, Bruce Vaughn, *Trans - Pacific Partnership Agreement*, CRS Report for Congress, June 25, 2010.

43. Lorand Bartels and Federico Ortino, *Regional Trade Agreements and The WTO Legal System*, Oxford; New York: Oxford University Press, 2006.

44. Melville B. Nimmer and David Nimmer, *Nimmer on Copyright*, New York: Matthew Bender & Company, 1978.

45. Mohammed El Said, *The Development of Intellectual Property Protection in the Arab World*, Lewiston: Edwin Mellen Press, 2008.

46. Rafael Leal Areas, *International Trade and Investment Law——Multilateral, Regional and Bilateral Governance*, Edward Elgar, Cheltenham, UK Northampton, MA, USA, 2010.

47. Sisule F. Musungu and Graham Dutfield, *Multilateral Agreements and a TRIPS - plus World: The World Intellectual Property Organization (WIPO)*, Geneva: Quaker United Nations Office; Ottawa: Quaker International Affairs Program, 2003.

48. Stephen Woolcock, *Trade and Investment rule - making: The Role of Regional and Bilateral Agreements*, Tokyo; New York: United Nations University Press, 2006.

49. WIPO Arbitration and Mediation Center, *WIPO Arbitration, Mediation and Expert Determination Rules and Clauses*, WIPO, January, 2009.

50. WIPO, *Composite Study on the Protection of Traditional Knowledge*, WIPO/GRTKF/IC/5/8, Geneva, 2003.

51. Vivas - Eugui David, *Regional and Bilateral Agreements and a TRIPS - plus World: The Free Trade Area of The Americas (FTAA)*, Geneva: Quaker United Na-

tions Office; Ottawa: Quaker International Affairs Program, 2003.

52. Xuan Li, Carlos M. Correa, *Intellectual Property Enforcement: International Perspectives*, Cheltenham, UK; Northampton, Mass.: Edward Elgar, 2009.

三、中文文章

53. 白明韶："WTO下的美国国家主权保护机制及其启示"，载《中国国际法学精粹》(2003年卷)，机械工业出版社2004年版。

54. 陈福利："《反假冒贸易协议》述评"，载《知识产权》2010年第5期。

55. 陈福利："知识产权国际强保护的最新发展——《跨太平洋伙伴关系协定》知识产权主要内容及几点思考"，载《知识产权》2011年第6期。

56. 陈福利："中美WTO知识产权争端启示"，载《知识产权判解研究》2009年第2期。

57. 丁明红："世界贸易组织和经济主权理论的新发展"，载《国际经济法学刊》2004年第1期。

58. 冯晓青："利益平衡论：知识产权法的理论基础"，载《知识产权》2003年第6期。

59. 胡峰："国际投资法嬗变中的自由化趋势"，载《华东师范大学学报(哲学社会科学版)》2002年第6期。

60. 李琛："论我国著作权立法的新思路"，载《中国版权》2011年第5期。

61. 刘笋："知识产权保护在国际投资法中的地位"，载《河北法学》2001年第3期。

62. 刘笋："知识产权保护立法的不足及TRIPs协议与国际投资法的关系"，载《政法论坛》2001年第2期。

63. 蒙启红："论知识产权国际保护的棘齿机制"，载《全国商情(经济理论研究)》2007年第1期。

64. 邱永红："美国经济霸权论纲"，载《国际经济法学刊》2004年第1期。

65. 沈四宝、沈健："法制建设的世界眼光与战略思维"，载《国家行政学院学报》2008年第1期。

66. 沈四宝、盛建明："经济全球化与国际经济法的新发展"，载《中国法学》2006 年第 3 期。

67. 沈四宝、袁杜娟："国际直接投资中的知识产权保护法律问题"，载《山西大学学报（哲学社会科学版）》2006 年第 3 期。

68. 司晓、汪涌："网络发行的新趋势与版权保护的再思考"，载《电子知识产权》2011 年第 9 期。

69. 孙璐："WTO 规则：国际经济领域的世界性宪法——WTO 法律性质初探"，载《法制与社会发展》2002 年第 6 期。

70. 吴汉东："后 TRIPs 时代知识产权制度的变革与中国的应对方略"，载《法商研究》2005 年第 5 期。

71. 吴汉东："国际变革大势与中国发展大局中的知识产权制度"，载《法学研究》2009 年第 2 期。

72. 吴汉东："中国知识产权法制建设的评价与反思"，载《中国法学》2009 年第 1 期。

73. 熊赖虎："权利的时间性"，载《现代法学》2011 年第 5 期。

74. 杨丽艳："区域经济一体化法律制度与我国的法律对策"，载《国际经济法学刊》2005 年第 1 期。

75. 衣淑玲："《反假冒贸易协定》谈判述评"，载《电子知识产权》2010 年第 7 期。

76. 余劲松、梁丹妮："公平公正待遇的最新发展动向及我国的对策"，载《法学家》2007 年第 6 期。

77. 张林春："从'欧共体－美国'301'条款争端案'的审断看 WTO 争端解决机制规则取向之异化——兼与张乃根教授等商榷"，载《国际经济法学刊》2004 年第 1 期。

78. 张娜："论《反假冒贸易协议》对中国的影响"，载《国际商务（对外经济贸易大学学报）》2012 年第 2 期。

79. 张平："中国知识产权保护之忧患"，载《科技信息》2005 年第 7 期。

80. 左玉茹："ACTA 飞跃——基于 ACTA 与 TRIPS 协定的比较研究"，载《电子知识产权》2010 年第 11 期。

四、外文文章

81. Alan M. Anderson and Bobak Razavi, "International Standards for Protection of Intellectual Property Rights Post - TRIPS The Search for Consistency", *Transitional Dispute Management*, 2009.

82. Brian A. White and Ryan J. Szczepanik, "Remedies Available Under Bilateral Investment Treaties for Breach of Intellectual Property Rights", *Transitional Dispute Management*, 2009.

83. Carlos M. Correa, "Intellectual Property Rights as an Investment Options for Developing Countries", *Transitional Dispute Management*, 2009

84. Charles R. McManis, "The Proposed Anti - Counterfeiting Trade Act (ACTA): Two Tales of Treaty", 46 *Hous. L. Rev.* 2009

85. Dalindyebo Shabalala, "Intellectual Property In European Union Economic Partnership Agreements with the African, Caribbean and Pacific Countries: What way Forward after the Cariforum EPA and the interim EPAs?", Center for International Environmental Law, April, 2008.

86. Fred C. Bergsten, "Competitive Liberalization and Global Free Trade: A Vision for the Early 21st Century", *Inst. for Int'l Econ.*, *Working Paper No.* 96 ~ 15, 1996.

87. GRAIN, SANFEC, "TRIPS - plus Through The Back Door: How Bilateral Treaties Imposes Much Stronger Rules for IPRs on Life than The WTO", Report, July, 2001.

88. Lahra Liberti, "Intellectual Property Rights In International Investment An Overview", *Transitional Dispute Management*, 2009.

89. Laurence R. Helfer, "Regime Shifting: The TRIPs Agreement and New Dynamics of International Intellectual Property Lawmaking", 29 *Yale J. Int'l L.* 1 (2004).

90. Markus Perkams and James M. Hosking, "The Protection of Intellectual Property Rights Through International Investment Agreements Only a Romance or

True Love", *Transitional Dispute Management*, 2009.

91. Meir Perez Pugatch "The International Regulation of IPRS in a TRIPS and TTIPS – plus World", in Stephen Woolock ed. , *Trade and Investment Rule – Making: The Role of Regional and Bilateral Agreement*, Tokyo; NewYork: United Nations University Press, 2006.

92. OECD Working Party of the Trade Committee, "The Impact of Trade – related Intellectual Property Rights on Trade and Foreign Direct Investment in Developing Countries", *Paris*, *OECD*, 2003.

93. Peter Drahos, "Developing Countries and International Intellectual Property Standing Setting", *IPR Commission Study Paper* , 8 (2002).

94. Peter K. Yu, "TRIPS Enforcement and Developing Countries", 26 *Am. U. Int'l L. Rev.* 727, 2011.

95. Peter K. Yu, "Sinic Trade Agreements", 44 *U. C. Davis L. Rev.* 953, February 2011.

96. Susan K. Sell, "TRIPS Was Never Enough: Vertical Forum Shifting, FTAS, ACTA and TPP", 18 *J. Intell. Prop. L.* 447, Spring, 2011.

97. Susy Frankel, "Challenging TRIPS – Plus Agreements The Potential Utility of Non – Violation Disputes, Journal of International Economic Law", Vol. 12 No. 4, Oxford University Press, 2009.

98. Xuan Li, "WCO SECURE Lessons Learnt From the Abortion Of the TRIP – Plus – Plus IP Enforcement Initiative", *South Center*, 2008

99. Redro Roffe, "Bilateral agreements and a TRIPS – plus world: the Chile – USA Free Trade Agreement", *Ottawa*: *Quaker International Affairs Program*, 2003.

100. Rosa Castro Bernieri, "Compulsory Licensing and Public Health: TRIPS – plus Standards in Investment Agreements", http://www. transnational – dispute – management. com/.

101. WIPO, "Composite Study on the Protection of Traditional Knowledge", WIPO/GRTKF/IC/5/8, Geneva, 2003.

五、中外文其他资源

102. http://www. bilaterals. org

103. http://www. oecd. org

104. http://www. state. gov

105. http://www. tranisitional - dispute - management. com

106. http://www. unctad. org

107. http://www. usaid. gov

108. http://www. ustr. gov

109. http://www. wipo. org

110. http://www. wto. org

附　录

缩略语

ACP	Africa, the Caribbean and the Pacific	非洲、加勒比海、太平洋国家
ACTA	Anti – Counterfeiting Trade Agreement	《反假冒贸易协议》
ARIPO	African Regional Intellectual Property Organization	非洲区域知识产权组织
CBD	Convention on Biological Diversity	《生物多样性公约》
CEPA	Closer Economic Partnership Arrangement	《关于建立更紧密经贸关系的安排》
DCMA	Digital Millennium Copyright Act	《数字千年版权法案》
DSU	Understanding on Rules and Procedures Governing the Settlement of Disputes	《关于争端解决规则与程序的谅解》
EMEA	European Agency for the Evaluation of Medicinal Products	欧洲医药评估机构
EPA	Economic Partnership Agreement	《经济合作协议》
FDA	Food and Drug Administration	美国食品药品管理局

续表

FTA	Free Trade Agreement	自由贸易协议
GATT	General Agreement on Tariffs and Trade	《关税贸易总协定》
GPA	Government Procurement Agreement	《政府采购协议》
GSP	Generalized System of Preference	普遍优惠制
ICJ	International Court of Justice	国际法院
ITA	Information Technology Agreement	《信息技术协议》
NAFTA	North American Free Trade Agreement	北美自由贸易协议
OECD	Organization for Economic Co - operation and Development	经济合作发展组织
PCT	Patent Cooperation Treaty	《专利合作条约》
PTIAs	Preferential Trade and Investment Agreements	特惠贸易投资协议
TPP	Trans - Pacific Partnership Agreement	《跨太平洋战略合作协议》
TRIPS	Trade Related Intellectual Property Rights	《与贸易有关的知识产权协定》
TTIP	Transatlantic Trade and Investment Partnership	《跨大西洋贸易与投资伙伴协议》
UNESCO	United Nations Educational, Scientific and Cultural Organization	联合国教育科学及文化组织
UNCTAD	United Nations Conference on Trade and Development	联合国贸易发展委员会

续表

UPOV	International Union for the Protection of New Varieties of Plants	国际植物新品种保护联盟
USTR	Office of United States Trade Representative	美国贸易谈判代表办公室
WCT	WIPO Copyright Treaty	《世界知识产权组织版权公约》
WHO	World Health Organization	世界卫生组织
WIPO	World Intellectual Property Organization	世界知识产权组织
WPPT	WIPO Performances and Phonograms Treaty	《世界知识产权组织表演与录音制品条约》
WTO	World Trade Organization	世界贸易组织

后 记

在我漫漫的求学路上即将绽放出第一朵小花的时候，谨把这朵小花献给我的父亲和母亲，是你们一直给予我的无私关爱、宽容和理解，才让我可以随心所欲地畅游在知识的殿堂。

小花萌发之时幸运便紧紧围绕这我，博士期间幸得富布赖特奖学金资助游学美国才有了小花的萌芽，博士后期间幸得首都经济贸易大学的慷慨资助才有了小花的含苞待放。在小花即将绽放之际，由衷感谢首都经济贸易大学法学院及各位领导同事的关心帮助，特别是我的博士后导师喻中教授为本书作序，张世君教授在专著出版过程中给予的鼓励和督促，是你们的关心、帮助和鼓励才让我有信心不断前行。

感谢我的博士导师丁丁教授。如果没有您的悉心教导，耐心帮助和热心鼓励，我的论文无法顺利完成。曾记得，毕业前一年的夏天您在美国研习期间，还始终坚持通过电子邮件指导修改我的论文；也曾记得，有一次讨论论文，是在您下班之后，两个小时下来，才获知您还没来得及吃晚饭；还曾记得您始终督促我严谨细致专研学术。感谢您在学习上给予我的帮助和支持。您的严谨细致会始终影响鞭策我未来的工作生活。

感谢我的国外导师乔治·华盛顿大学的 Robert Brauneis 教授，在美国的 10 个月研习中，每周 1 小时的学术交谈，帮我更加深刻地理解了美国的知识产权制度；同时诚挚感谢乔治·华盛顿大学 Susan K. Sell 教授，慷慨给予我论文研究所需的大量资料。

感谢我的硕士导师李琛教授，是您引领我进入知识产权研究的殿堂，曾记得一次次的散步、漫谈，是您帮我在纷繁浩瀚的法律知识中汲取养分，使我更加了解法律。

感谢所有在我写作论文过程中给予我意见的同学朋友们，也希望你们可以分享我的喜悦。感谢我的所有同学们，你们的陪伴使得我的求学生涯多了欢歌笑语。

最后，衷心感谢中国政法大学出版社参与本书编审的老师们，是你们的帮助使得拙作得以绽放。

论文写作的思考仅仅是一个起点。面对未来，思考，正上路！

张娜

2014 年 9 月 1 日于北京